Heimweh-Küche
Backen

Birgit Hamm
Linn Schmidt

Heimweh-Küche

Backen

DK

Das kriegen wir gebacken!

Manchmal muss es einfach Käsekuchen sein – genau so einer, wie Oma ihn immer gebacken hat. Oder ein duftendes Brot, frisch aus dem Ofen, mit kühler Butter bestrichen. Die auf der Zunge zergehenden Mürbeteigplätzchen und dazu ein Glas Milch. Aber wie war noch das Rezept dafür?

Wir haben nachgefragt: Bei unseren Omas und Müttern, bei denen unserer Freunde und Kollegen, und haben die schönsten Rezepte gesammelt und ausprobiert. Wir haben im Münsterland Nussbrot gebacken, auf der Schwäbischen Alb Stachelbeerkuchen probiert und am Starnberger See Spitzbuben mit Puderzucker bestäubt, denn wie schon im ersten Band der Heimwehküche verrät auch diesmal in jedem Kapitel eine Oma ihr bestes Rezept. Beim Zuschauen, Kneten und Rühren haben wir wieder eine Menge gelernt.

Gebacken haben wir zwar schon immer gern, aber manches haben wir jetzt erst so richtig begriffen: Dass Eier und Butter für Rührteig die gleiche Temperatur haben sollten, dass Hefe es nicht zu heiß mag und Mürbeteig nicht zu lange geknetet werden will zum Beispiel. Und auch, dass vieles leichter geht, als man denkt: So gelang Birgit ihr erster Strudelteig gleich perfekt, und Linn backte das erste Mal in ihrem Leben Hamburger Franzbrötchen, von denen sie dachte, dass man sie nur beim Bäcker bekommen könne.

Ganz unterschiedliche Kuchen, Kekse und Gebäck sind so zusammengekommen. Gemeinsam ist allen, dass sie Erinnerungen an die Kindheit wecken und dass sie unwiderstehlich gut schmecken. So wie früher eben. Gerade bei Kuchen hat jede Familie einige wenige Lieblingsrezepte im Repertoire, die dann immer wieder gebacken werden. Denn Kuchen gibt es schließlich nicht jeden Tag – auch zu Omas Zeiten nicht. Meist wurde zum Sonntag ein Rühr- oder Obstkuchen gebacken, Torten gab es nur an Festtagen. Den Sonntagskuchen haben wir jedenfalls in unseren Familien wieder eingeführt – allein schon wegen der Gemütlichkeit, die sich einstellt, wenn so ein Kuchen im Ofen bäckt und es im ganzen Haus danach duftet.

Bevor Sie mit dem Backen loslegen, hier noch zwei kleine Hinweise: Wenn nichts anderes angegeben ist, können Sie beim Mehl immer Type 405 oder Type 550 verwenden. Und wenn Sie statt mit Ober-/Unterhitze lieber mit Umluft backen, ziehen Sie von der angegebenen Temperatur 20 °C ab.

Viel Spaß beim Lesen, Ausprobieren und Genießen!

Inhalt

Schnelle Sonntagskuchen

Rotweinkuchen

Dieser saftige, dunkle Rührkuchen war für mich als Kind etwas ganz Besonderes. Es gab ihn traditionell zum »Ingelheimer Rotweinfest«, das unsere beschauliche Kleinstadt jeden Spätsommer eine Woche lang in ein aufregendes, blinkendes Vergnügungs-Mekka verwandelte. Kuchen mit Alkohol für Kinder? Darüber hat man damals wohl nicht nachgedacht. Und mir hat das Stückchen ab und zu nicht geschadet – zumal die enthaltene Rotweinmenge gering ist und der Alkohol beim Backen verdampft. Birgit

Für 1 Napfkuchenform, 24 cm Ø

300 g weiche Butter, plus mehr für die Form
280 g Mehl, plus mehr für die Form
6 Eier
1 Prise Salz
380 g Zucker
1 Päckchen Vanillezucker
3 EL Sonnenblumenöl
50 g gemahlene Mandeln
50 g gemahlene Haselnüsse
1 Päckchen Backpulver
½ TL Zimt
1 Messerspitze gemahlene Muskatnuss
3 EL Kakao
150 ml leichter Rotwein (Spätburgunder)
Puderzucker zum Bestäuben

Den Backofen auf 180 °C Ober-/Unterhitze vorheizen. Die Napfform ausbuttern und mit etwas Mehl ausstreuen. Die Eier trennen. Die Eiweiße mit dem Salz steif schlagen. In einer großen Schüssel Butter, Zucker und Vanillezucker mit den Rührstäben des Handrührgeräts schaumig schlagen. Die Eigelbe hinzufügen und weiterrühren. Öl, Mandeln, Haselnüsse, Mehl und Backpulver nach und nach dazugeben.

Zimt, Muskat, Kakao und Rotwein unter die Masse rühren. Zum Schluss die Eiweiße vorsichtig unterheben. Den Teig in die Form füllen. Auf der mittleren Schiene etwa 60 Minuten backen. Garprobe machen (siehe Tipp Seite 16). Herausnehmen und 15 Minuten in der Form auskühlen lassen, dann auf ein Kuchengitter stürzen und vollständig erkalten lassen. Mit Puderzucker bestäuben.

Rezeptfoto siehe Seite 6

TIPP Etwas herber schmeckt der Rotweinkuchen, wenn man die Mandeln und Haselnüsse durch gemahlene Walnüsse ersetzt.

Königskuchen

Mein erster Kuchen, den ich als 12-Jährige selbst gebacken habe, war ein Königskuchen. Der ist bei uns zu Hause allerdings nur unter dem Namen »Rosinenkuchen« bekannt und wird zu allen Gelegenheiten gebacken, beileibe nicht nur zum Dreikönigstag am 6. Januar. Mein erster Versuch war ein ganz kleines bisschen verbrannt. Trotzdem war ich unheimlich stolz auf mein Werk und habe heimlich gezählt, wer wie viele Stücke gegessen hat. Linn

Für 1 Kastenform, 28 cm

250 g weiche Butter, plus mehr für die Form
200 g Zucker
abgeriebene Schale von ½ Bio-Zitrone
4 Eier, Größe M
400 g Mehl, plus 1 EL zum Bestäuben
1 Päckchen Backpulver
1 Prise Salz
2 EL Rum
2 EL Milch
100 g Sultaninen
50 g Korinthen
50 g Zitronat (nach Belieben)
100 g gehackte Mandeln
Puderzucker (nach Belieben)

Den Backofen auf 180 °C Ober-/Unterhitze vorheizen. Die Kastenform ausbuttern. Butter, Zucker und Zitronenschale mit den Rührstäben des Handrührgeräts schaumig schlagen. Unter Rühren die Eier einzeln dazugeben. Das Mehl mit dem Backpulver vermischen und über die Masse sieben. Das Salz, den Rum und die Milch dazugeben und weiterrühren, bis der Teig Blasen schlägt. Sultaninen und Korinthen heiß waschen und mit 1 EL Mehl bestäuben. Mit dem Zitronat, falls verwendet, und den gehackten Mandeln unter den Teig heben.

Den Teig in die Form füllen. Auf der mittleren Schiene 15 Minuten backen. Dann den Kuchen der Länge nach 1 cm tief einschneiden. Weitere 50–60 Minuten backen. (Wird die Oberfläche zu dunkel, nach 30 Minuten mit Alufolie abdecken.) Garprobe machen (siehe Tipp Seite 16). Herausnehmen und 15 Minuten in der Form lassen. Aus der Form lösen, vollständig auskühlen lassen und nach Belieben mit Puderzucker bestäuben.

Rezeptfoto siehe Seite 7

Rüblitorte

Eine Torte aus Möhren? Als ich das erste Mal davon hörte, erschien vor meinem geistigen Auge eine Art Gemüsekuchen aus gekochten Möhrenscheiben. Brrr. Aber als ich sie dann bei meiner Schulfreundin Martina probierte, stellte ich fest: Die sieht wirklich wie eine richtige Torte aus, schmeckt umwerfend saftig-frisch. Birgit

Für 1 Springform, 26 cm Ø

200 g weiche Butter
400 g Möhren
100 ml frisch gepresster Orangensaft
4 Eier, Größe M
200 g Zucker
Salz
100 g gemahlene Haselnüsse
100 g gemahlene Mandeln
abgeriebene Schale von 1 Bio-Zitrone
1 Päckchen Vanillezucker
1 Prise gemahlene Muskatnuss
1 Prise gemahlener Kardamom
1 TL Rum
250 g Mehl
1 Päckchen Backpulver
200 g Puderzucker
Saft von 1 Zitrone
1 Eiweiß
Marzipanmöhrchen (Fertigprodukt) zur Dekoration (nach Belieben)

Den Backofen auf 180 °C Ober-/Unterhitze vorheizen. Die Springform inklusive Rand mit 1 EL Butter (20 g) einfetten. Die Möhren putzen, schälen und fein raspeln. Mit der Hälfte des Orangensafts beträufeln, beiseitestellen.

Die Eier trennen. In einer großen Schüssel die Eigelbe mit dem Zucker, der restlichen Butter (180 g) und 1 Prise Salz mit den Rührstäben des Handrührgeräts schaumig rühren. Gemahlene Haselnüsse, gemahlene Mandeln, die Zitronenschale, den Vanillezucker, die Muskatnuss, den Kardamom und den Rum dazugeben, alles gut verrühren. Zuletzt die Möhrenraspel unterrühren. Das Mehl und das Backpulver mischen und auf den Teig sieben. Den restlichen Orangensaft (50 ml) dazugeben und alles verrühren. Die Eiweiße mit 1 Prise Salz steif schlagen und unter den Teig heben.

Den Teig in die Springform füllen und den Kuchen auf der zweiten Schiene von unten 45 Minuten backen. Mit einem Holzstäbchen die Garprobe machen (siehe Tipp Seite 16). Herausnehmen und etwa 15 Minuten in der Form abkühlen lassen, dann vorsichtig mit einem Messer den Rand lösen und die Rüblitorte auf ein Kuchengitter stürzen. Den Puderzucker mit dem Zitronensaft und dem Eiweiß zu einer dicken Glasur verrühren und den Kuchen damit überziehen. Nach Belieben mit Marzipanmöhrchen verzieren.

Schokoladenkuchen

Mein Freund Sebastian liebt den Schokoladenkuchen seiner Tante Inge aus Frankfurt sehr. Wenn wir dort einen Besuch machen, steht er immer schon auf dem Tisch, egal ob es gerade morgens, mittags oder abends ist. Linn

Für 1 Kastenform, 28 cm oder 1 Napfkuchenform, 24 cm Ø

200 g weiche Butter, plus mehr für die Form
200 g Zucker
1 Päckchen Vanillezucker
3 Eier, Größe M
400 g Mehl
1 Päckchen Backpulver
1 Prise Salz
80 g Kakao
7–8 EL Milch
180 g Puderzucker
1 Eiweiß
2 Tropfen Essigessenz (25% Säure)

Den Backofen auf 180 °C Ober-/Unterhitze vorheizen. Die Kastenform ausbuttern. Butter mit dem Zucker und dem Vanillezucker mit den Rührbesen des Handrührgeräts schaumig rühren, nach und nach die Eier dazugeben. Das Mehl mit dem Backpulver und dem Salz über den Teig sieben, 60 g Kakao und die Milch dazugeben und alles auf höchster Stufe verrühren, bis der Teig Blasen schlägt.

Den Teig in die Form füllen. Auf der zweiten Schiene von unten 60–70 Minuten backen. Nach etwa 15 Minuten den Teig der Länge nach etwa 1 cm tief einschneiden. Garprobe machen (siehe Tipp Seite 16). Herausnehmen, nach 10 Minuten aus der Form lösen und auf einem Kuchengitter auskühlen lassen.

Für den Guss den Puderzucker mit 2 EL heißem Wasser, dem Eiweiß, dem restlichen Kakao und der Essigessenz in einer Metallschüssel glatt rühren. Über dem Wasserbad erhitzen, bis die Creme lauwarm ist. Vom Wasserbad nehmen, sofort über den Kuchen gießen und verstreichen, die Masse wird ganz schnell fest.

TIPP Die Essigessenz im Guss ist für einen schönen Glanz zuständig. Wer gern viel Schokolade mag, gibt noch 100 g weiße oder dunkle Schokostückchen in den Teig. Auch 1 EL Rum verfeinert das Aroma!

Puffer

Hinter »Puffer« verbirgt sich ein traditioneller Rührkuchen aus Norddeutschland – der Grundteig lässt sich mit allem anreichern, was der Vorratsschrank hergibt. Meine Uroma aus Hetlingen nahm Rosinen und Nusskerne, Margot Pehrs bäckt ihn heute mit Cranberrys und Pistazien. Linn

Für 1 Kastenform, 28 cm

1 Apfel
Saft von ½ Zitrone
50 g Pistazienkerne
2 EL Haselnusskerne
100 g Marzipanrohmasse
200 g weiche Butter, plus mehr für die Form
200 g Zucker
1 Päckchen Vanillezucker
4 Eier, Größe M
400 g Mehl
1 Päckchen Backpulver
1 Prise Salz
2 gehäufte EL getrocknete Cranberrys

Den Apfel schälen und in kleine Stücke schneiden, dabei das Kerngehäuse entfernen. Apfelstücke mit dem Zitronensaft beträufeln. Die Pistazien- und Haselnusskerne hacken. Das Marzipan in kleine Stücke schneiden. Den Backofen auf 175 °C Ober-/Unterhitze vorheizen. Die Kastenform ausbuttern.

Butter, Zucker und Vanillezucker mit den Rührstäben des Handrührgeräts schaumig schlagen. Unter Rühren die Eier einzeln dazugeben. Das Mehl mit dem Backpulver vermischen und über die Masse sieben. Das Salz dazugeben und weiterrühren, bis der Teig Blasen schlägt. Apfelstücke, Marzipan, Pistazienkerne, Haselnusskerne und Cranberrys unterheben. Den Teig in die Kastenform füllen. Auf der mittleren Schiene in 55–65 Minuten goldbraun backen. Garprobe machen (siehe Tipp Seite 16). Herausnehmen, auskühlen lassen und nach 15 Minuten aus der Form stürzen.

Marmorkuchen

Marmorkuchen erinnert mich an meine Kindergeburtstage – da gab es ihn immer mit Schokoguss, verziert mit bunten Schokolinsen und Gummibärchen. Am liebsten habe ich von der Verzierung genascht, den Kuchen selbst fand ich gar nicht so interessant. Das hat sich geändert – vor allem, wenn er so schön saftig schmeckt wie dieser hier! Linn

Für 1 Napfkuchenform, 24 cm Ø

Teig:

250 g weiche Butter, plus mehr für die Form
270 g Zucker
1 Päckchen Vanillezucker
4 Eier, Größe M
350 g Mehl
1 Päckchen Backpulver
150 g Speisestärke
1 Prise Salz
3 EL Kakao
150 ml Milch

Schokoladenguss:

180 g Puderzucker
1 Eiweiß
2 EL Kakao
2 Tropfen Essigessenz (25% Säure)

Den Backofen auf 180 °C Ober-/Unterhitze vorheizen. Die Napfkuchenform ausbuttern. Butter, 250 g Zucker und Vanillezucker mit den Rührstäben des Handrührgeräts schaumig schlagen. Unter Rühren die Eier einzeln dazugeben. Das Mehl mit dem Backpulver und der Speisestärke vermischen und über die Masse sieben. Das Salz und 125 ml Milch dazugeben und weiterrühren, bis der Teig Blasen schlägt. Er sollte reißend vom Löffel fallen. (Ist er zu weich, noch etwas Mehl hinzufügen.)

Zwei Drittel des Teigs in die Form füllen. Den restlichen Teig mit dem Kakao, dem restlichen Zucker (20 g) und der restlichen Milch (25 ml) verrühren. Den dunklen Teig auf den hellen Teig geben und mit einer Gabel spiralförmig durch die Masse ziehen, sodass eine Marmorierung entsteht. Auf der mittleren Schiene im Ofen 50–60 Minuten backen. Garprobe machen (siehe Tipp). Herausnehmen und 15 Minuten in der Form lassen. Aus der Form lösen und vollständig auskühlen lassen.

Für den Guss alle Zutaten mit 2 EL heißem Wasser in einer Metallschüssel über dem heißen (nicht kochenden!) Wasserbad zu einer glatten Creme rühren. Ist der Guss lauwarm, sofort über den Kuchen gießen und verstreichen, die Masse wird ganz schnell fest.

TIPP Für die Garprobe mit einem Holzspießchen am höchsten Punkt in den Kuchen stechen und das Stäbchen wieder herausziehen. Bleibt kein Teig am Holz kleben, ist der Kuchen gar.

Zimtkuchen

Dieser köstliche Kuchen stammt von Jens, dem Mann meiner Kollegin Petra. Er entdeckte diesen Schatz in einem alten norddeutschen Kochbuch und bäckt diesen Kuchen jedes Jahr im Herbst für seine Kunden – ein einfaches Rezept, das aber sehr raffiniert schmeckt. Linn

Für 1 Springform, 28 cm Ø

Mürbeteig:

250 g Mehl
1 Messerspitze Backpulver
65 g Zucker
125 g kalte Butter, plus mehr für die Form
1 Ei, Größe M
1 Prise Salz

Zimtfüllung:

3 Eier
125 g Sahne
125 ml Milch
150 g Zucker
200 g gemahlene Mandeln
4 Stück geriebener Zwieback (ersatzweise 40 g Semmelbrösel)
1½ EL Zimt
½ TL Backpulver

Das Mehl mit dem Backpulver in eine Schüssel sieben. Zucker, Butter, Ei und Salz dazugeben. Mit den Knethaken des Handrührgeräts und anschließend mit den Händen rasch zu einem glatten Mürbeteig kneten. Den Teig zu einer Kugel formen, in Frischhaltefolie wickeln und 30 Minuten im Kühlschrank ruhen lassen.

Die Zutaten für die Füllung in eine Rührschüssel füllen und zu einer sämigen Masse verrühren. Den Backofen auf 180 °C Ober-/Unterhitze vorheizen. Die Springform ausbuttern. Den Mürbeteigboden ausrollen, in die Form geben und dabei einen Rand hochziehen. Die Füllung auf den Boden gießen. Auf der zweiten Schiene von unten 45–50 Minuten backen, bis die Füllung fest und der Mürbeteigrand gebräunt ist.

Regina Lange aus Sachsen

Lebendige Tradition

»Kommen Sie doch herein«, sagt Regina Lange lächelnd und bietet uns in ihrer gemütlichen Wohnküche gleich einen heißen Kaffee und ein Stück Kuchen an. Bei Regina fühlt man sich auf Anhieb wohl – der Hefeteig geht gemütlich vor sich hin, die alten Holzdielen in der Küche knarren leise. Hektik und Zeitdruck scheinen auf einmal ganz weit weg, Regina strahlt eine warme Ruhe aus.

Der Teig muss noch ein wenig mehr aufgehen, also machen wir mit Regina und ihrem Mann Fritz einen Bummel durch den kleinen Ort Vielau am Rande des Erzgebirges. Für Regina Lange der Lebensmittelpunkt, seit sie mit ihrer Familie als junges Mädchen aus Schlesien hierher kam. Einiges hat sich seitdem verändert, doch wohl fühlt sie sich noch immer und lebt mit ihrem Mann, der Tochter und dem Schwieger-

sohn in einem Mehrgenerationenhaus. So ist immer jemand zum Reden da, und anstehende Arbeiten werden aufgeteilt. Da sind die Hühner und der Nutzgarten, die Regina trotz ihrer 82 Jahre noch jeden Tag versorgt. Alles, was mit Holz zu tun hat, dafür ist Fritz zuständig. Als Kunstschnitzer machte er vor vielen Jahren seine Leidenschaft zum Beruf und schnitzte, ganz nach alter Erzgebirgstradition, wunderschöne Weihnachtspyramiden und -figuren. »Einen Weihnachtsbaum brauchten wir deshalb nie«, erzählt Regina Lange.

Das Backen wiederum ist Reginas Bereich – am liebsten macht sie regionale Spezialitäten wie den Kirmeskuchen, den sie für uns gebacken hat. Der wird traditionell nicht nur zur Kirmes zubereitet, sondern gerne auch an anderen Feiertagen. Das Besondere an diesem Hefegebäck ist die sogenannte »Kirmesmasse« – ein Guss aus Eiern, Butter und Zucker, der auf die Quarkfüllung gegossen wird. Darüber kommen dann noch Streusel. Dieses einfache und doch raffinierte Rezept ist nicht umsonst der Hit bei jedem Familienfest!

Kirmeskuchen

Dieser saftige Blechkuchen mit vier Schichten wurde im Erzgebirge früher häufig zur Kirmes und zu anderen Festtagen gebacken. Wie er zubereitet wird, das durften wir bei Regina Lange live miterleben.

Für 1 tiefes Backblech

Teig:

300 g Mehl
15 g frische Hefe
125 ml lauwarme Milch
50 g Zucker
1 Prise Salz
40 g Butter

Quarkmasse:

3 Eier, Größe M
200 g Zucker
80 g weiche Butter
abgeriebene Schale von 1 Bio-Zitrone
1 kg Magerquark
1 Päckchen Vanillepuddingpulver
125 g Rosinen

Kirmesmasse:

70 g Butter
80 g Zucker
3 Eier, Größe M

Streusel:

200 g Mehl
100 g kalte Butter
100 g Zucker

Für den Teig die Zutaten verarbeiten wie auf Seite 59 in Schritt 1 und 2 beschrieben. Dabei den Vorteig nur 5 Minuten stehen, den Teig 30 Minuten gehen lassen.

Für die Quarkmasse Eier und Zucker schaumig rühren. Butter und Zitronenschale hinzufügen. Quark, Vanillepuddingpulver und Rosinen unterrühren. Für die Kirmesmasse Butter und Zucker schaumig schlagen, die Eier einzeln auf höchster Stufe unterrühren. Für die Streusel das Mehl mit den Butterstückchen und dem Zucker vermischen und mit den Fingern rasch zu Streuseln formen.

Backofen auf 200 °C Ober-/Unterhitze vorheizen. Backblech ausbuttern. Den Hefeteig in Backblechgröße ausrollen, in das Backblech legen, Rand hochdrücken. Boden mit einer Gabel mehrfach einstechen. Teig etwa 15 Minuten gehen lassen. Quarkmasse auf den Hefeteig streichen, darauf die Kirmesmasse verteilen und zum Schluss die Streusel auf dem Belag verteilen. Auf der mittleren Schiene 40–45 Minuten backen. Herausnehmen, abkühlen lassen und in schmale Stücke schneiden.

Schoko-Nusskuchen

Ein echter Herbstkuchen, der besonders gut an den ersten stürmisch-kalten Tagen im November schmeckt.

Für 1 Napfkuchenform, 24 cm Ø

250 g Butter, plus mehr für die Form
180 g Zucker
4 Eier, Größe M
200 g gemahlene Haselnüsse
1 Prise Salz
250 g Mehl
1 Päckchen Backpulver
100 g Zartbitter- oder Vollmilchschokolade
abgeriebene Schale von 1 Bio-Orange
150 g dunkle Kuvertüre

Die Butter in einem Topf zerlassen. Den Zucker und die Eier in einer Schüssel mit den Rührstäben des Handrührgeräts zu einer cremigen Masse rühren. Die zerlassene Butter mit den gemahlenen Haselnüssen und dem Salz zur Eiermischung geben. Mehl mit Backpulver über den Teig sieben und unterrühren.

Den Backofen auf 180 °C Ober-/Unterhitze vorheizen. Die Form ausbuttern. Die Schokolade klein hacken und mit der Orangenschale unter den Teig heben. Den Teig in die Form füllen und auf der zweiten Schiene von unten 40–50 Minuten backen. Garprobe machen (siehe Tipp Seite 16). Herausnehmen, nach 15 Minuten aus der Form auf ein Kuchengitter stürzen. Die Kuvertüre schmelzen und den erkalteten Kuchen damit überziehen.

TIPP Wer es noch nussiger mag, nimmt statt der Schokolade 100 g gehackte Hasel- oder Walnusskerne für den Teig.

Puddingkuchen

Manchmal werden Kuchenrezepte nicht von Generation zu Generation, sondern von Kindergeburtstag zu Kindergeburtstag weitergegeben. Und so machte der Lieblingskuchen meiner Freundin Sabine schon zu Kinderzeiten ihrer Mutter die Runde in Köln-Dellbrück: der Puddingkuchen, ein Vorreiter der zeitgenössischen »No-bake-Cakes«. Bis heute sind für Sabine drei große Stücke die verdiente Belohnung für die Wartezeit. Schließlich muss das gute Stück ein paar Stunden durchziehen. Birgit

Für 1 Springform, 26 cm Ø

2 Päckchen Vanillepuddingpulver
1 l Milch
180 g Zucker
2 Gläser Schattenmorellen (à 720 ml)
1 Packung Zwieback (225 g)

Den Vanillepudding nach Packungsanweisung unter Zugabe von Milch und Zucker zubereiten. Die Schattenmorellen in einem Sieb abtropfen lassen. Den Boden einer Springform lückenlos mit Zwieback auslegen, die Stücke dazu ruhig zerbrechen. Ein Drittel der Schattenmorellen auf dem Zwieback verteilen, darauf ein Drittel des noch heißen Vanillepuddings geben. Auf den Pudding wieder Zwiebackstücke legen, mit Kirschen und Pudding abdecken. Das Ganze noch einmal wiederholen und die letzte Schicht Pudding schön glatt streichen. Den Puddingkuchen abkühlen lassen und dann vor dem Servieren mindestens 6 Stunden in den Kühlschrank stellen.

Streuselkuchen

Manchmal ist das Einfache auch das Beste – dieser Blechkuchen besteht nur aus Hefeteig und Mürbeteigstreuseln und schmeckt himmlisch zu Milchkaffee, vor allem zum Picknick oder zum zweiten Frühstück.

Für 1 Backblech, 30 x 40 cm

Hefeteig:

400 g Mehl
1 Päckchen Trockenhefe
60 g Zucker
1 Prise Salz
1 Ei, Größe M
200 ml lauwarme Milch
80 g weiche Butter

Streusel:

250 g Mehl
1 Prise Salz
150 g Zucker
150 g Butter

Das Mehl mit der Hefe in einer Schüssel vermischen. Zucker, Salz, Ei, lauwarme Milch und Butter dazugeben. Mit den Knethaken des Handrührgeräts und anschließend mit den Händen zu einem geschmeidigen Teig kneten. Abgedeckt etwa 30 Minuten an einem warmen Ort gehen lassen.

Den Backofen auf 200 °C Ober-/Unterhitze vorheizen. Ein Backblech mit Backpapier auslegen. Den Hefeteig auf Backblechgröße (30 x 40 cm) ausrollen, auf das Backpapier legen. Für die Streusel Mehl, Salz, Zucker und Butter mit den Händen rasch zu Streuseln verarbeiten. Auf den Hefeteig streuen. Abdecken und nochmals 20 Minuten gehen lassen. Auf der zweiten Schiene von unten in 20–25 Minuten hellbraun backen.

BUTTERKUCHEN Wer lieber Butterkuchen backen möchte, bereitet den Hefeteig genauso zu, drückt mit den Fingern Vertiefungen in den auf Backblechgröße ausgelegten Teig, belegt ihn mit 150 g Butter (in Stücken, gleichmäßig auf dem Teig verteilt), 100 g Zucker und 100 g Mandelblättchen. Die Backzeit bleibt gleich!

Quark-Napfkuchen

Dieser einfache Rührkuchen wird durch die Zugabe von Quark wunderbar saftig – als Kind mochte ich am liebsten genau die Stellen, an denen er noch ein bisschen »matschig« war. Dazu passt am besten eine Tasse schwarzer Tee mit Milch! Linn

Für 1 Napfkuchenform, 24 cm Ø

125 g weiche Butter, plus mehr für die Form
200 g Zucker
130 g Magerquark
1 Prise Salz
3 Eier, Größe M
abgeriebene Schale von 1 Bio-Zitrone
400 g Mehl, plus mehr zum Bestäuben der Rosinen und für die Form
1 Päckchen Backpulver
200 ml Milch
100 g Rosinen

Die Butter und den Zucker mit den Rührstäben des Handrührgeräts schaumig schlagen. Quark und Salz untermengen. Die Eier trennen. Die Eigelbe unter Rühren zur Quarkmasse geben. Die Zitronenschale, das Mehl, das Backpulver und die Milch dazugeben und etwa 3 Minuten weiterrühren. Die Rosinen heiß waschen, mit ½ EL Mehl bestäuben und untermengen. Die Eiweiße steif schlagen und unter den Teig heben.

Den Backofen auf 180 °C Ober-/Unterhitze vorheizen. Die Form ausbuttern und mit etwas Mehl ausstreuen. Den Teig in die Form füllen. Auf der zweiten Schiene von unten 60–70 Minuten backen, bis der Kuchen goldbraun ist. Garprobe machen (siehe Tipp Seite 16). Herausnehmen, 10 Minuten auskühlen lassen und aus der Form lösen.

TIPP Wer keine Rosinen mag, kann diese natürlich weglassen oder durch die gleiche Menge Schokostückchen ersetzen.

Danziger Kaffeebrot

Meine Oma Erna ist in Danzig aufgewachsen, und auch wenn sie sich in Hamburg sehr wohl fühlte, hatte sie immer ein bisschen Heimweh nach der Stadt ihrer Kindheit. Das Danziger Kaffeebrot erinnert mich an sie. Linn

Für 1 Kastenform, 25 oder 28 cm

300 g weiche Butter, plus mehr für die Form
150 g Mehl, plus mehr für die Form
6 Eier, Größe M
290 g Zucker
1 Päckchen Vanillezucker
150 g Speisestärke
4 EL Himbeerkonfitüre
Puderzucker zum Bestäuben

Den Backofen auf 180 °C Ober-/Unterhitze vorheizen. Eine Kastenform ausbuttern und mit Mehl einstäuben. Die Eier trennen. Die weiche Butter, den Zucker und den Vanillezucker mit den Rührstäben des Handrührgeräts schaumig schlagen. Die Eigelbe nach und nach unter die Buttermasse rühren.

Mehl und Speisestärke darübersieben und mindestens 3–4 Minuten weiterrühren. Das ist wichtig, weil kein Backpulver in den Kuchen kommt! Die Eiweiße steif schlagen und unterheben. Die Masse in die Kastenform füllen und auf der zweiten Schiene von unten 15 Minuten backen. Den Kuchen in der Mitte der Länge nach etwa 1 cm tief einschneiden. Weitere 45–50 Minuten backen.

Den fertigen Kuchen aus dem Ofen nehmen, nach etwa 15 Minuten auf ein Kuchengitter stürzen und vollständig erkalten lassen. Die Konfitüre erhitzen. Den Kuchen zweimal der Länge nach mit einem Messer durchschneiden. Den unteren Kuchenteil mit 2 EL Konfitüre bestreichen, das Mittelstück daraufsetzen und ebenfalls mit 2 EL Konfitüre bestreichen. Den Deckel aufsetzen. Nach Belieben mit Puderzucker bestäuben.

Kaffeeklatsch & Tortenschlacht

Frankfurter Kranz

Mein Cousin Frank schwärmt noch heute von einem ganz besonderen Frankfurter Kranz. Das siebenstöckige Backwerk einer alten Dame war der König auf jedem Geburtstagskaffeetisch in und um Guldental. Leider ist die gute Margarethe von uns gegangen, ohne ihr Rezept zu hinterlassen. Dieses hier kommt dem Original jedoch ziemlich nahe. Birgit

Für 1 Kranzform, 26 cm Ø

Teig:

200 g weiche Butter, plus mehr für die Form
280 g Zucker
2 Päckchen Vanillezucker
abgeriebene Schale von ½ Bio-Zitrone
1 Prise Salz
6 Eier, Größe M
300 g Weizenmehl
100 g Speisestärke
20 g Backpulver

Krokant:

20 g Butter
100 g Zucker
200 g gehackte Mandeln

Füllung und Belag:

2 Päckchen Vanillepuddingpulver
180 g Zucker
1 l Milch
500 g weiche Butter
200 g Johannisbeergelee
12–16 Belegkirschen

Backofen auf 180 °C Ober-/Unterhitze vorheizen. Form ausbuttern. Butter und Zucker schaumig schlagen. Vanillezucker, Zitronenschale und Salz unterrühren. Eier einzeln 30 Sekunden auf höchster Stufe unterrühren. Mehl, Stärke und Backpulver über die Eiermasse sieben, unterheben. In die Form füllen. Auf der zweiten Schiene von unten 45–50 Minuten backen. Herausnehmen, nach 15 Minuten aus der Form stürzen und auskühlen lassen.

Für den Krokant die Butter zerlassen, Zucker und Mandeln bei mittlerer Hitze so lange darin rühren, bis die Mandeln gebräunt sind. Krokant auskühlen lassen. Für die Füllung Vanillepudding nach Packungsanweisung mit Zucker und Milch zubereiten. Auskühlen lassen, dabei umrühren, damit sich keine Haut bildet. Butter glatt rühren, den abgekühlten Pudding nach und nach einarbeiten. Beides muss vorher Zimmertemperatur haben!

Kranz dreimal waagerecht durchschneiden. Johannisbeergelee erwärmen und glatt rühren. Den unteren Boden damit bestreichen. Ein Viertel der Buttercreme darauf verstreichen und den nächsten Boden daraufsetzen. Mit den restlichen beiden Böden ebenso verfahren, zuletzt den Deckel aufsetzen. Von der verbliebenen Buttercreme 4 EL zurückbehalten, mit dem Rest den Kranz außen vollständig bestreichen. Mit dem Krokant ringsum bestreuen. Restliche Buttercreme in einen Spritzbeutel füllen, den Kranz damit verzieren und mit Belegkirschen garnieren. Mindestens 3 Stunden in den Kühlschrank stellen.

Rezeptfoto siehe Seite 32

Schwarzwälder Kirschtorte

»Für Kindergeburtstage gibt's andere Kuchen«, sagt Tante Emilie und fügt hinzu: »Man darf mit dem Kirschwasser nicht geizen, sonst schmeckt's zu zahm.« Eine Torte nur für Erwachsene also. Birgit

Für 1 Springform, 26 cm Ø

Butter für Form
3 Eier
130 g Zucker
2 Päckchen Vanillezucker
80 g Mehl
60 g Speisestärke
1 TL Backpulver
1 gehäufter EL Kakao
1 Glas Sauerkirschen (720 ml)
6 EL Kirschwasser
1 Päckchen gemahlene, weiße Gelatine
800 g kalte Sahne
3 EL Puderzucker, gesiebt
dunkle Schokoladenraspel

Backofen auf 180 °C Ober-/Unterhitze vorheizen. Springform ausbuttern. Aus Backpapier einen Kreis (26 cm Ø) ausschneiden, auf den Springformboden legen. Eier auf höchster Stufe 2 Minuten schaumig schlagen. 100 g Zucker und 1 Päckchen Vanillezucker zufügen, weitere 2 Minuten schlagen. Mehl, die Hälfte der Speisestärke, Backpulver und Kakao unterrühren. Masse auf den Springformboden streichen, auf der untersten Schiene 20–25 Minuten backen. Herausnehmen, aus der Form lösen und auf ein Geschirrtuch stürzen. Das Backpapier vorsichtig abziehen und den Boden abkühlen lassen. Zweimal waagerecht durchschneiden.

Kirschen gut abtropfen lassen, Saft auffangen. 12 Kirschen für die Dekoration beiseitelegen. Restliche Stärke (30 g) mit restlichem Zucker (30 g) und 5 EL Kirschsaft anrühren. 200 ml Saft aufkochen, vom Herd nehmen und die angerührte Stärke einrühren. Aufkochen, vom Herd nehmen, Kirschen unterrühren. Abkühlen lassen, Kirschwasser unterrühren. Gelatine 5 Minuten in 5 EL kaltem Wasser einweichen, dann bei geringer Hitze unter Rühren erwärmen, bis sie sich aufgelöst hat. Die Sahne nicht ganz steif schlagen, 2 EL unter die Gelatine mischen, Gelatine sofort unter die Sahne rühren. Steif schlagen, dabei Puderzucker und 1 Päckchen Vanillezucker einrieseln lassen.

Den unteren Teil des Bodens auf eine Kuchenplatte legen, mit der Kirschfüllung bestreichen, dabei am Rand 1 cm frei lassen. Ein Drittel der Sahne darauf verteilen. Den mittleren Boden auflegen und vorsichtig andrücken. Mit der Hälfte der restlichen Sahne bestreichen. Den dritten Boden auflegen und vorsichtig andrücken. 4 EL der restlichen Sahne in einen Spritzbeutel mit Sterntülle füllen, mit dem Rest die Torte komplett einstreichen, am besten mit einer Backpalette oder einem großen Messer. Mit dem Spritzbeutel 12 Sahnetupfer auf den Tortenrand setzen, mit je 1 Kirsche garnieren. Tortenrand und -oberfläche mit Schokoraspeln bestreuen. 2 Stunden kühlen.

Rezeptfoto siehe Seite 33

Käse-Sahne-Torte

Es gibt nur wenige Sahnetorten, die man auch bei warmem Wetter genießen kann; die meisten sind einfach zu mächtig. Die Käse-Sahne-Torte ist zwar nicht gerade ein Leichtgewicht, schmeckt aber herrlich erfrischend-fruchtig. Eine tolle Erfindung, die ich schon als Kind liebte, und die ich heute noch neumodischen Varianten vorziehe. Birgit

Für 1 Springform, 26 cm Ø

Biskuitboden:
150 g weiche Butter, plus mehr für die Form
150 g Zucker
1 Päckchen Vanillezucker
1 Prise Salz
3 Eier, Größe L
130 g Mehl
30 g Speisestärke
1 gestrichener TL Backpulver

Mandarinenfüllung:
2 Dosen Mandarinen (à 312 g)
10 Blatt weiße Gelatine
400 g kalte Sahne
1 kg Speisequark (20% Fettgehalt)
100 ml Zitronensaft, frisch gepresst
120 g Zucker
1 Päckchen Vanillezucker
Puderzucker zum Bestäuben

Den Backofen auf 180 °C Ober-/Unterhitze vorheizen. Den Boden der Springform buttern. Für den Boden in einer großen Schüssel Butter, Zucker, Vanillezucker und Salz mit den Rührstäben des Handrührgeräts schaumig schlagen. Die Eier einzeln 30 Sekunden lang auf höchster Stufe einrühren. Mehl, Speisestärke und Backpulver vermischen, nach und nach unterheben. Den Teig in die Form füllen und glatt streichen. Auf der mittleren Schiene 30 Minuten backen. Herausnehmen, aus der Form lösen und auskühlen lassen. Den kalten Biskuit waagerecht in der Mitte durchschneiden, unteren Teil des Bodens auf eine Kuchenplatte legen.

Für die Füllung die Mandarinen in einem Sieb sehr gut abtropfen lassen. Die Gelatine in etwas kaltem Wasser einweichen. Die Sahne steif schlagen. Den Quark in eine Schüssel geben, mit Zitronensaft, Zucker und Vanillezucker verrühren. Die Gelatine in einem kleinen Topf bei milder Hitze auflösen. Etwa 3 EL der Quarkmasse mit der Gelatine verrühren. Diese Mischung unter den gesamten Quark rühren, mit einem Teigschaber die steif geschlagene Sahne und die Mandarinen unterheben.

Einen Tortenring (oder den Springformrand) um den unteren Tortenboden legen, die Füllung hineingeben und die Oberfläche glatt streichen. Den oberen Tortenboden in 12 bis 16 Stücke schneiden und diese auf die Quarksahne legen. Torte mit Frischhaltefolie abdecken und 3–5 Stunden in den Kühlschrank stellen. Vor dem Servieren den Tortenring (oder Springformrand) vorsichtig entfernen und die Käse-Sahne-Torte mit Puderzucker bestäuben.

Linzer Torte

Die Eltern meines Freundes Uwe hatten in Wiesbaden ein großes altes Haus. Die ältere Dame, die dort zur Untermiete wohnte, machte eine hervorragende Linzer Torte, zu der sie mich regelmäßig auf einen Kaffeeplausch einlud. Damals war das für mich eher eine Pflichtveranstaltung. Heute erinnere ich mich gerne an den liebevoll mit Sammeltassen gedeckten Tisch im Erker und daran, wie die Nachmittagssonne in staubigen Strahlen durch die Fensterscheibe fiel und die Linzer Torte in goldenes Licht tauchte. Birgit

Für 1 Springform, 26 cm Ø

200 g Mehl, plus mehr für die Arbeitsfläche
½ TL Backpulver
100 g Zucker
1 Prise Salz
2 Eier, Größe M
100 g weiche Butter, plus mehr für die Form
120 g gemahlene Haselnüsse
1 Päckchen Vanillezucker
1 gestrichener TL Zimt
¼ TL gemahlene Gewürznelke
100 g Johannisbeergelee
1 Eigelb

Mehl, Backpulver, Zucker und Salz in einer großen Schüssel vermischen. Die Eier und die Butter hinzufügen und alles mit den Knethaken des Handrührgeräts auf niedriger Stufe zu einem Teig verarbeiten. Gemahlene Haselnüsse, Vanillezucker, Zimt und Gewürznelke dazugeben und gut untermischen. Den Teig zu einer Kugel formen, in Frischhaltefolie wickeln und 1 Stunde in den Kühlschrank stellen.

Den Backofen auf 180 °C Ober-/Unterhitze vorheizen. Den Teig in zwei Hälften teilen. Auf bemehlter Arbeitsfläche die eine Hälfte auf die Größe des Springformbodens ausrollen und mit einem Teigrädchen in 16 Streifen schneiden. Die andere Hälfte auf den Springformboden legen und ausrollen. Den Springformrand aufsetzen und schließen.

Das Johannisbeergelee geschmeidig rühren und auf dem Teigboden verstreichen. Die Teigstreifen wie ein Gitter darüberlegen. Das Eigelb verrühren und die Streifen damit bestreichen. Auf der zweiten Schiene von unten 35 Minuten backen. Herausnehmen, den Springformrand entfernen und auf einem Kuchengitter auskühlen lassen.

Zitronen-Biskuitrolle

Biskuitrollen sind viel schneller und einfacher zu backen, als man vermuten könnte. Man braucht nur ein gutes Rezept wie das von meiner Patentante Emilie: Da muss nicht erst umständlich Eischnee geschlagen werden – der Teig wird auch so wunderbar luftig und feinporig. Feingemacht mit erfrischender Zitronen-Sahne-Füllung ist sie genau das Richtige, um Gäste zu verwöhnen und ganz nebenbei auch ein wenig zu beeindrucken. Birgit

Für 1 Biskuitrolle

4 Eier, Größe M
150 g Zucker
1 Päckchen Vanillezucker
80 g Mehl
50 g Speisestärke
1 TL Backpulver
400 g Sahne
2 Päckchen Sahnesteif
50 g Puderzucker
abgeriebene Schale von 1 Bio-Zitrone
Puderzucker zum Bestäuben
Zitronenscheiben (nach Belieben)

Ein Backblech mit Backpapier auslegen. Den Backofen auf 200 °C Ober-/Unterhitze vorheizen. In einer großen Schüssel die Eier und 4 EL heißes Wasser mit den Rührstäben des Handrührgeräts auf höchster Stufe schaumig schlagen. Zucker (bis auf 1 EL, der zum Aufrollen gebraucht wird) und Vanillezucker vermischen und langsam einrieseln lassen. Weitere 2 Minuten schlagen. Mehl, Speisestärke und Backpulver vermischen, auf die Eiercreme sieben und unterheben. Den Teig 1 cm dick auf das Backpapier streichen. Auf der unteren Schiene 10–15 Minuten backen.

Ein großes Geschirrtuch gleichmäßig mit 1 EL Zucker bestreuen. Biskuit aus dem Ofen nehmen und sofort auf das Tuch stürzen. Das Backpapier schnell und vorsichtig abziehen. Den Biskuit mithilfe des Geschirrtuchs aufrollen und auskühlen lassen. Die Sahne anschlagen, Sahnesteif und Puderzucker dazugeben und steif schlagen. Die abgeriebene Zitronenschale unterrühren.

Die Biskuitrolle auf dem Geschirrtuch wieder entrollen. Gleichmäßig mit der Zitronensahne bestreichen. Biskuit mit der Füllung wieder aufrollen – dabei nicht zu fest drücken, sonst quillt zu viel Sahne seitlich heraus. Die Enden mit dem Messer gerade abschneiden. Bis zum Servieren kühl stellen, dann mit Puderzucker bestäuben und nach Belieben mit Zitronenscheiben dekorieren.

KLASSISCHE BISKUITROLLE FÜR JEDEN TAG Biskuitrolle innen mit Konfitüre nach Geschmack bestreichen.

Windbeutel

Wenn ich früher mit meiner Mutter zum Bäcker ging, lagen diese traumhaften Windbeutel mit Sahnefüllung in der Auslage immer genau auf meiner Augenhöhe. Leider erstand Mama meist nur langweiliges Schwarzbrot, doch irgendwann erfüllte sie mir den Wunsch und kaufte einen großen Windbeutel, ganz für mich allein! Er war genauso lecker, wie ich ihn mir vorgestellt hatte – sahnig und fruchtig. Linn

Für etwa 10 Windbeutel

50 g Butter
1 Prise Salz
2 EL Zucker
150 g Mehl
4 Eier, Größe M
400 g Sahne
Mark von ½ Vanilleschote
250 g Himbeeren (oder andere Früchte)

Für den Brandteig 250 ml Wasser mit der Butter, dem Salz und 1 EL Zucker in einen Topf geben und zum Kochen bringen. Die Hitze etwas reduzieren, unter Rühren das ganze Mehl hinzugeben, bis sich der Teig als Kloß vom Topf löst. Ein Ei unterrühren, den Topf vom Herd nehmen und den Teig etwas abkühlen lassen. Die restlichen Eier einzeln nacheinander mit den Knethaken des Handrührgeräts unterrühren.

Ein Backblech mit Backpapier belegen und dieses mit etwas Wasser besprenkeln. Den Teig in eine Spritztülle mit großem Loch füllen und etwa 10 Häufchen auf das Backpapier spritzen. (Alternativ den Teig mit zwei Esslöffeln in die Mulden einer Muffin-Form setzen. Dann läuft der Teig nicht auseinander.) Windbeutel im nicht vorgeheizten Backofen auf der mittleren Schiene bei 200 °C Ober-/Unterhitze 25–35 Minuten backen, bis sie leicht gebräunt sind.

Herausnehmen und 5 Minuten auskühlen lassen. Mit der Küchenschere die Windbeutel waagerecht durchschneiden. Völlig auskühlen lassen. Die Sahne mit dem restlichen Zucker (1 EL) und dem Vanillemark steif schlagen. In die Windbeutel füllen und mit den Himbeeren oder anderen Früchten dekorieren.

SCHOKOWINDBEUTEL Für Schokowindbeutel zusätzlich 2 EL Kakao zur Sahne geben und zum Schluss mit 100 g Schokostreuseln bestreuen.

Prinzregententorte

Bei meiner Freundin Katharina ist die Prinzregententorte eine richtige Familientorte. Beim Vorbereiten und Backen sind alle Familienmitglieder eingebunden. Ihre Eltern machen die vielen Böden, Katharina und ihre Schwester sind für die Füllung und den Guss zuständig – so trägt jeder ein Stückchen dazu bei, und der Aufwand hält sich in Grenzen. Linn

Für 1 Springform, 26 cm Ø

Boden:

6 Eier, Größe M
180 g Zucker
1 Päckchen Vanillezucker
50 g Speisestärke
½ Päckchen Backpulver
100 g Mehl

Füllung:

1½ Päckchen Schokoladenpuddingpulver
500 ml Milch
100 g Zucker
1 Ei
200 g Butter
65 g Plattenfett (z. B. Palmfett)

Guss:

3 EL Zucker
3 EL Kakao
1 Päckchen Vanillezucker
1 Ei
2 EL Milch
125 g Plattenfett (z. B. Palmfett)

Für die Böden Eier trennen. Eiweiße steif schlagen, dabei 1 EL Zucker einrieseln lassen. Eigelbe mit restlichem Zucker und dem Vanillezucker schaumig rühren. Speisestärke, Backpulver und Mehl vermischen. Eigelbmasse unter das Eiweiß rühren. Mehlmischung unterheben und alles glatt rühren. Backofen auf 220 °C Ober-/Unterhitze vorheizen. Springformboden mit Backpapier bespannen. 3–4 EL Teig auf das Backpapier streichen. Auf der mittleren Schiene 10 Minuten backen. Herausnehmen, aus der Form lösen, Backpapier abziehen und auskühlen lassen. 6–7 einzelne Böden backen, den ersten etwas dicker machen.

Für die Füllung aus Puddingpulver, Milch und Zucker nach Packungsanweisung einen Pudding kochen und mindestens 6 Stunden kühlen. Er muss ganz kalt sein. Die Haut vom Pudding entfernen, Ei und Butter unterrühren. Fett schmelzen und noch heiß unter die Butter-Ei-Puddingmasse rühren. Die Füllung völlig abkühlen lassen. Den dicksten Biskuitboden in die Springform legen. 2–3 EL der Füllung daraufstreichen. Vorgang mit restlichen Böden und Creme wiederholen. Mit einem Boden abschließen. 5–7 Stunden, am besten aber über Nacht, in den Kühlschrank stellen.

Für den Guss alle Zutaten bis auf das Fett verrühren. Fett schmelzen und noch heiß in die Zuckermasse geben. (Vorsicht, das kann spritzen!) Wenn der Guss beginnt fest zu werden, auf der Torte verstreichen. Oberfläche und die Seiten sollten gleichmäßig davon bedeckt werden. Den Guss vor dem Servieren der Torte aushärten lassen.

Russischer Zupfkuchen

»Das ist doch kein altes Rezept«, sagt mein Freund skeptisch, als ich den Russischen Zupfkuchen aus dem Ofen hole, »der wurde als Backmischung in den 1980er-Jahren erfunden.« – »Das kann nicht sein«, antworte ich, »den Kuchen hat unsere Nachbarin Frau Petersen früher immer gebacken, und meine Mutter hat das Rezept von ihr bekommen.« Aber egal, ob der Kuchen aus Russland kommt, von Frau Petersen oder jemand anderem erfunden wurde: Der cremige Käsekuchen schmeckt einfach unheimlich lecker. Linn

Für 1 Springform, 26 cm Ø

Mürbeteig:

250 g Mehl
125 g Butter, plus mehr für die Form
125 g Zucker
1 Ei, Größe M
2 EL Kakao
½ Päckchen Backpulver

Quarkfüllung:

125 g Butter
500 g Magerquark
130 g Zucker
2 Eier
1 Päckchen Vanillezucker
1 Päckchen Vanillepuddingpulver

Für den Mürbeteig das Mehl mit der Butter, dem Zucker, dem Ei, dem Kakao und dem Backpulver mit den Knethaken des Handrührgeräts oder den Händen zu einem Mürbeteig kneten. Zu einer Kugel rollen, in Frischhaltefolie wickeln und etwa 30 Minuten in den Kühlschrank legen.

Den Backofen auf 180 °C Ober-/Unterhitze vorheizen. Die Springform ausbuttern. Etwa die Hälfte des Teigs zwischen zwei Lagen Frischhaltefolie ausrollen und den Boden der Form damit auslegen. Dabei einen Rand formen.

Für die Füllung die Butter zerlassen. Zusammen mit dem Quark, dem Zucker, den Eiern, dem Vanillezucker und dem Puddingpulver mit den Rührstäben des Handrührgeräts cremig rühren. Auf den Boden gießen.

Vom Rest des Mürbeteigs Stücke abzupfen und auf der Quarkmasse verteilen. Auf der zweiten Schiene von unten in 45–55 Minuten hellbraun backen. Herausnehmen und in der Form auskühlen lassen, erst dann den Springformrand abnehmen.

Donauwellen

Ich erinnere mich noch genau an den Tag, als ich sie zum ersten Mal probierte. Das war vor mehr als drei Jahrzehnten, beim Geburtstagskaffee meiner Patentante Emilie. Die bäckt sowieso großartige Kuchen – aber dieser lieferte für mich ein neues, grandioses Geschmackserlebnis: Zwei Sorten lockerer Rührteig, saftige Kirschen, kühle Buttercreme und obendrauf noch eine knackige Schokoschicht – was für eine Kombination! Die Donauwelle, von manchen auch Schneewittchenkuchen genannt, ist bis heute einer meiner absoluten Favoriten. Birgit

Für 1 Backblech mit hohem Rand

Rührteig:

2 Gläser Sauerkirschen (à 720 ml)
250 g weiche Butter, plus mehr für das Backblech
200 g Zucker
1 Päckchen Vanillezucker
1 Prise Salz
5 Eier, Größe M
400 g Mehl
1 Päckchen Backpulver
2 EL Kakao
2 EL Milch

Buttercreme:

1 Päckchen Vanillepuddingpulver
80 g Zucker
500 ml Milch
250 g weiche Butter

Schokoglasur:

200 g Zartbitterschokolade
2 EL Speiseöl

Die Kirschen in ein Sieb schütten und sehr gut abtropfen lassen. Den Backofen auf 180 °C Ober-/Unterhitze vorheizen. Das hohe Backblech ausbuttern. Butter, Zucker, Vanillezucker und Salz mit den Rührstäben des Handrührgeräts schaumig schlagen. Unter Rühren die Eier einzeln dazugeben. Das Mehl mit dem Backpulver vermischen und unterrühren.

Etwas mehr als die Hälfte des Teigs auf dem Backblech verteilen. Den Kakao über den restlichen Teig sieben, die Milch dazugeben und alles gut verrühren. Den dunklen Teig auf den hellen streichen. Die Sauerkirschen auf der dunklen Teigschicht verteilen, dabei etwas in den Teig drücken. Auf der zweiten Schiene von unten 45 Minuten backen. Herausnehmen, im Backblech auf einen Kuchenrost stellen und auskühlen lassen.

Für die Buttercreme aus Puddingpulver, Zucker und Milch nach der Packungsanleitung einen Pudding kochen. Bei Zimmertemperatur erkalten lassen. Ab und zu umrühren, damit sich keine Haut bildet. Die Butter mit den Rührstäben des Handrührgeräts geschmeidig rühren und den Pudding esslöffelweise unterheben. Butter und Pudding müssen die gleiche Temperatur haben, sonst gerinnt die Creme! Den Kuchen gleichmäßig mit der Buttercreme bestreichen, mit Frischhaltefolie abdecken und 1–2 Stunden in den Kühlschrank stellen.

Für die Glasur die Schokolade in Stücke brechen und zusammen mit dem Öl in eine Metallschüssel geben. Über dem Wasserbad unter Rühren schmelzen. Die Glasur zügig auf der festen Buttercremeschicht verstreichen, sie wird sehr schnell fest. Wer mag, kann mit der gezackten Seite eines Teigschabers Wellen über die Oberfläche ziehen.

TIPP Die Buttercreme muss ganz kalt sein, bevor die Schokolade daraufkommt, sonst vermischen sich die Schichten. Donauwellen schmecken besonders gut, wenn man sie einen Tag im Kühlschrank durchziehen lässt.

Margot Pehrs aus Schleswig-Holstein

Ein Kuchen für alle Fälle

Ein ganz gewöhnlicher Tag beginnt bei Margot Pehrs aus Schleswig-Holstein mit einer heißen Tasse Tee und einem kurzen Blick auf die Korkpinnwand in der Küche. Dort hängt der Kalender, in dem alle Geburtstage von Kindern, Enkeln, Urenkeln und Freunden sowie ihre Termine eingetragen sind. Selten gibt es Tage, an denen auf dem Kalender so gar nichts vermerkt ist. Auch die anstehenden Reisen werden dort festgehalten, denn neben Backen, Stricken und Kochen ist Reisen das größte Hobby der 86-Jährigen.

In den letzten Jahren ging es zum Beispiel mit dem Rad den Main entlang, von Passau nach Wien oder durch den Spreewald. Längere Radreisen hat ihr der Arzt inzwischen leider untersagt, Ausflüge am Wochenende in die ländliche Umgebung, an den Deich, zu den Schachblumenwiesen in Hetlingen oder zu den umliegenden Dörfern unternimmt sie trotzdem gerne noch, es dürfen nur nicht mehr als 15 Kilometer am Stück sein. »Es sind aber trotzdem schon wieder 200 Kilometer auf meinem Tacho!«, sagt sie und strahlt dabei.

Langweilig wird es Margot sowieso nie – es gibt immer etwas zu tun! Und jede Woche stehen mindestens drei Kuchen im Ofen. Einzig die Torten werden nur zu besonderen Anlässen gebacken. Für uns hat sie neben der viel geliebten Walnusstorte Schmalznüsse (siehe Seite 134) und den Puffer (siehe Seite 14) gebacken. Ob sie einen Lieblingskuchen hat? »Ach, das wechselt«, sagt Margot und lacht, »ich probiere immer so gerne neue Sachen aus.« Nur ihre Klassiker, wie Butterkuchen oder schlesischer Mohnkuchen, stehen regelmäßig auf der Kaffeetafel. Und irgendeinen Rührkuchen und Heidesandkekse hat sie eigentlich immer im Haus. Schließlich könnte ja überraschender Besuch vorbeikommen, wie die Nachbarn oder einer der Enkel.

Walnusstorte

Die Torte schmeckt so, wie sie aussieht: sahnig, marzipanig, nussig, köstlich! Die Tortenkunstwerke meiner Oma sind in unserer Familie heiß begehrt – und die Zubereitung einfacher, als man denkt! Linn

Für 1 Springform, 26 cm Ø

4 Eier, Größe M
175 g Zucker
80 g Mehl, gesiebt
1 TL Backpulver
180 g gemahlene Walnusskerne (ersatzweise Haselnusskerne)
100 g Marzipanrohmasse
60 g Puderzucker
600 g Sahne
2 Päckchen Sahnesteif
2 Päckchen Vanillezucker
Walnusskerne zum Verzieren, halbiert

Den Backofen auf 180 °C Ober-/Unterhitze vorheizen. Die Springform mit Backpapier auslegen. Die Eier trennen. Die Eiweiße mit 3 EL kaltem Wasser mit den Rührstäben des Handrührgeräts steif schlagen, dabei den Zucker unter ständigem Rühren einrieseln lassen. Mit einem Teigspatel nach und nach die Eigelbe, das gesiebte Mehl und das Backpulver sowie 100 g der gemahlenen Nusskerne unter den Eischnee heben. Den Teig in die Springform füllen. Auf der mittleren Schiene in 35–45 Minuten hellbraun backen. Herausnehmen, aus der Form lösen und abkühlen lassen.

Den Tortenboden zweimal waagerecht durchschneiden. Die Marzipanrohmasse mit dem Puderzucker verkneten und zwischen zwei Lagen Klarsichtfolie zu 2 Kreisen (26 cm Ø) ausrollen. Die Marzipankreise auf die beiden unteren Tortenböden legen. Die Sahne mit Sahnesteif und Vanillezucker steif schlagen. Ein Drittel der Sahne beiseitestellen, die restlichen zwei Drittel mit den restlichen gemahlenen Walnusskernen vermischen.

Die Hälfte der Nusssahne auf den untersten Tortenboden streichen, den mittleren Boden darauflegen und mit der anderen Hälfte der Nusssahne bedecken. Den dritten Tortenboden darauflegen. Die Torte ringsherum mit dem Großteil der beiseitegestellten Sahne bestreichen. Das geht am besten mit einer Backpalette oder einem großen, flachen Messer. Die übrige Sahne in einen Spritzbeutel mit Tülle füllen und Sahnetupfen auf den Rand der Torte setzen. Jeden Tupfen mit 1 Walnusskern belegen.

TIPP Der Tortenboden lässt sich nach dem Durchschneiden gut einfrieren. Margot Pehrs bäckt ihn gern auf Vorrat, sodass an dem Tag, an dem die Gäste kommen, nur noch die Sahnefüllung gemacht werden muss.

Sachertorte

Die weltberühmte Wiener Schokoladentorte war lange Zeit Gegenstand von Streitigkeiten zwischen dem Hotel Sacher und der Konditorei Demel. Kreiert wurde sie jedenfalls 1832 von einem Konditorlehrling namens Franz Sacher. Doch ob die Aprikosenkonfitüre in der Tortenmitte zu finden ist, wie bei Demel, oder unter der Glasur, wie im Hotel Sacher, ist im Grunde egal. Dieses Rezept brachte mein Vater aus Österreich mit: mit der Aprikosenkonfitüre in der Mitte. Birgit

Für 1 Springform, 26 cm Ø

100 g Vollmilchkuvertüre
400 g Zartbitterkuvertüre
8 Eier, Größe L
200 g weiche Butter, plus mehr für die Form
300 g feiner Zucker
1 Prise Salz
200 g Mehl
200 g Aprikosenkonfitüre

Die Vollmilchkuvertüre und 100 g Zartbitterkuvertüre in Stücke brechen und in einer Metallschüssel über dem Wasserbad schmelzen. Die Eier trennen. Die Butter und die Hälfte des Zuckers mit den Rührstäben des Handrührgeräts schaumig schlagen. Die Eigelbe einzeln unter Rühren hinzufügen und weiterschlagen, bis eine helle, cremige Masse entstanden ist. Kuvertüre dazugeben und unterrühren.

Den Backofen auf 170 °C Ober-/Unterhitze vorheizen. Die Springform ausbuttern. Die Eiweiße mit dem Salz steif schlagen, dabei den restlichen Zucker (150 g) einrieseln lassen. Weiterschlagen, bis eine feste glänzende Masse entstanden ist. Mehl und Eischnee abwechselnd unter die Eiercreme heben. Den Teig in die Form füllen. Auf der zweiten Schiene von unten 50–55 Minuten backen. Falls die Oberfläche zu dunkel wird, die letzten 10 Minuten auf Unterhitze schalten. Herausnehmen und in der Form auskühlen lassen.

Den Boden auf ein Kuchengitter stürzen und waagerecht durchschneiden. Den Deckel abheben und beiseitelegen. Die Aprikosenkonfitüre erwärmen und durch ein feines Sieb streichen. Auf dem Kuchenboden verteilen und den oberen Boden daraufsetzen. Die restliche Zartbitterkuvertüre (300 g) in Stücke brechen und über dem Wasserbad schmelzen. Schokolade auf die Mitte des Kuchens gießen und mit einer Palette oder einem großen Messer zügig zum Rand hin verstreichen. Den Rand ringsherum ebenfalls mit Kuvertüre bestreichen. Bei Zimmertemperatur fest werden lassen.

Bienenstich à la Katharina

Mit Sahnecreme und mit Mandelblättchen, so kennt man ihn. Und so schmeckt er auch. Aber: Unser Bienenstich nach einem alten Rezept meiner Mutter ist die Bienen(stich)königin! Mit lockerem Rührteig und einer Walnussmasse obendrauf. Unbedingt ausprobieren! Birgit

Für 1 Springform, 26 cm Ø

Teig:

125 g weiche Butter, plus mehr für die Form
125 g Zucker
2 Eier, Größe M
250 g Mehl
1 Päckchen Backpulver
1 Prise Salz
7 EL Milch

Belag:

200 g Walnusskerne
100 g Butter
80 g Zucker
1 Päckchen Vanillezucker
6 EL Milch

Füllung:

750 ml Milch
2 Päckchen Vanillepuddingpulver
50 g Zucker
Puderzucker zum Bestäuben

Für den Teig in einer großen Schüssel Butter und Zucker mit den Rührstäben des Handrührgeräts schaumig schlagen. Die Eier einzeln 30 Sekunden auf höchster Stufe unterrühren. Mehl, Backpulver und Salz vermischen, auf die Eiermasse sieben und unterheben, nach und nach die Milch dazugeben. Den Backofen auf 180 °C Ober-/Unterhitze vorheizen. Die Springform ausbuttern.

Für den Belag die Walnusskerne zermahlen oder mit einem großen Messer fein hacken. Butter, Zucker und Vanillezucker in einem kleinen Topf schmelzen, Walnüsse und Milch hinzufügen, unter Rühren kurz erhitzen und vom Herd nehmen. Den Teig in die Form geben und glatt streichen. Die Walnussmasse auf dem Teig verteilen. Auf der unteren Schiene 40 Minuten backen. Herausnehmen, nach 10 Minuten aus der Form lösen und vollständig auskühlen lassen.

Für die Füllung Milch in einen Topf gießen. 12 EL von der Milch abnehmen, den Rest erhitzen. Das Puddingpulver mit dem Zucker und den 12 EL Flüssigkeit glatt rühren. Die kochende Milch vom Herd nehmen und das Puddingpulver einrühren. Nochmals 1 Minute unter Rühren aufkochen. Vom Herd nehmen und etwas auskühlen lassen.

Den Boden einmal waagerecht durchschneiden. Den oberen Teil vorsichtig abheben – am besten mit einer Tortenpalette. Den noch warmen Pudding auf die untere Teigplatte streichen und mit der oberen abdecken, den Rand glatt streichen. Mindestens 1 Stunde in den Kühlschrank stellen. Vor dem Servieren mit etwas Puderzucker bestäuben.

Rosenkuchen mit Nussfüllung

Ich liebe Gebäck, das man auch zum Frühstück essen kann. Dieser Hefekuchen eignet sich perfekt dazu. Er schmeckt frisch schon ganz köstlich, wird aber fast noch besser, wenn er ein paar Tage alt ist und man ihn in den Kaffee tunken kann. Linn

Für 1 Springform, 26 cm Ø

500 g Mehl, plus mehr für die Arbeitsfläche
1 Würfel frische Hefe (42 g)
250 ml lauwarme Milch
200 g Zucker
½ TL Salz
80 g weiche Butter, plus mehr für die Form
1 Apfel
200 g gemahlene Haselnüsse
200 g Sahne
100 g Puderzucker
2 EL Zitronensaft

Das Mehl in eine Schüssel sieben, eine Mulde hineindrücken. Hefe in die Mulde bröseln. 100 ml Milch und 1 Prise Zucker zur Hefe geben. Vorsichtig mit etwas Mehl vermischen. Vorteig zugedeckt an einem warmen Ort 20 Minuten gehen lassen.

Die Hälfte des restlichen Zuckers (100 g), das Salz, die Butter und die restliche Milch zum Vorteig geben. Erst mit den Knethaken des Handrührgeräts und dann mit den Händen so lange kneten, bis kein Teig mehr an den Fingern kleben bleibt. Das dauert etwa 5 Minuten. Zu einer Kugel formen und abgedeckt 45 Minuten an einem warmen Ort gehen lassen, bis sich das Volumen fast verdoppelt hat.

Für die Füllung den Apfel schälen, vierteln, das Kerngehäuse entfernen. Die Apfelviertel fein reiben und zusammen mit den gemahlenen Haselnüssen, der Sahne und dem restlichen Zucker (100 g) in einer Schüssel vermischen.

Die Springform ausbuttern. Den Hefeteig auf einer bemehlten Arbeitsfläche zu einem Rechteck ausrollen. Die Füllung darauf verstreichen. Den Teig von der Längsseite her aufrollen und in 3–4 cm breite Stücke schneiden. Die Teigstücke mit der Fläche nach unten nebeneinander in die Form setzen – der gerollte Teig sieht aus wie ein Rosenmuster. Abdecken und nochmals 30 Minuten gehen lassen.

Den Backofen auf 180 °C Ober-/Unterhitze vorheizen. Den Kuchen auf der zweiten Schiene von unten in 35–40 Minuten hellbraun backen. Herausnehmen, 10 Minuten abkühlen lassen und aus der Form lösen. Den Puderzucker mit Zitronensaft vermengen, in eine Spritztülle geben und die Rosenmuster nachzeichnen – oder den Guss mit dem Pinsel auf dem Kuchen verteilen.

Katharinas Käsekuchen

Meine Mutter backt diesen lockeren, hoch aufgehenden Käsekuchen schon seit Jahrzehnten nach einem überlieferten Familienrezept. In der ursprünglichen Version wurde dafür Schichtkäse verwendet. Aber da dieser quarkähnliche Frischkäse lange Zeit praktisch aus den Geschäften verschwunden war, wurde er im Laufe der Jahre durch Quark ersetzt. Zum Glück ohne ernst zu nehmende Geschmackseinbußen. Birgit

Für 1 Springform, 26 cm Ø

100 g weiche Butter, plus mehr für die Form
270 g Zucker
5 Eier, Größe M
200 g Mehl
Salz
200 g Sahne
1 kg Quark (20% Fettgehalt)
1 Päckchen Vanillezucker
1 Päckchen Vanillepuddingpulver
1 EL Speisestärke
1 TL abgeriebene Schale von 1 Bio-Zitrone

Den Backofen auf 160 °C Ober-/Unterhitze vorheizen. Die Springform ausbuttern. Die Butter mit 70 g Zucker und 1 Ei schaumig rühren, das Mehl und 1 Prise Salz dazugeben und alles zu einem glatten Teig verarbeiten. In die Springform geben, den Boden damit auskleiden und seitlich etwa 2 cm Rand hochziehen. Den Teig gut andrücken.

Die restlichen 4 Eier trennen. Die Eiweiße mit 1 Prise Salz zu einem festen Schnee schlagen. Die Sahne leicht aufschlagen, sie sollte noch flüssig sein. In einer großen Schüssel mit den Rührbesen des Handrührgeräts den Quark und die Eigelbe verrühren. Nach und nach den restlichen Zucker (200 g), den Vanillezucker, das Puddingpulver, die Speisestärke, die Zitronenschale und die Sahne dazugeben, dabei weiterrühren. Den Eischnee unterheben.

Die Quarkmasse in die mit Teig ausgekleidete Form füllen und glatt streichen. Auf der mittleren Schiene 60–70 Minuten backen. Nach 10 Minuten mit einem spitzen Messer rundum den Rand lösen. Gegen Ende der Backzeit die Garprobe machen (siehe Tipp Seite 16). Falls der Kuchen oben zu stark bräunt, Backofen in den letzten 10 Minuten auf Unterhitze schalten. Den Käsekuchen im abgeschalteten Ofen auskühlen lassen. Vorsichtig herausnehmen, mit einem Messer am Rand entlangfahren und den Kuchen aus der Form lösen.

TIPP Damit das Prachtstück beim Abkühlen keine Risse bekommt und nicht zu sehr einsinkt, Zugluft, große Temperaturschwankungen und heftiges Schütteln möglichst vermeiden.

Kardinalschnitten

Das luftige Gebäck mit der feinen Kaffeecremefüllung ist ein Klassiker aus Österreich, wo bekanntlich die besten Zuckerbäcker der Welt zu Hause sind. Ich erhielt dieses wunderbare alte Familienrezept von meiner Cousine Renate. Birgit

Für 10 Schnitten

Baiser:

5 Eiweiß
1 Prise Salz
200 g Zucker

Biskuit:

1 Ei
5 Eigelb
abgeriebene Schale von ½ Bio-Zitrone
100 g Puderzucker, plus mehr zum Bestäuben
60 g Mehl
1 TL Backpulver

Kaffeecreme:

500 g Sahne
2 EL Zucker
1 EL lösliches Kaffeepulver (oder 4 EL heißen, starken Espresso)
3 Blatt Gelatine

Für das Baiser die Eiweiße mit dem Salz in einer hohen Rührschüssel mit den Rührstäben des Handrührgeräts aufschlagen. Wenn es fast steif ist, nach und nach Zucker zufügen und weiterschlagen, bis der Eischnee fest ist.

Für den Biskuit das Ei und die Eigelbe in einer Schüssel mit der Zitronenschale und dem Puderzucker zu einer hellen, cremigen Masse rühren. Mehl und Backpulver mischen, unter die Masse heben, nur kurz vermengen. Den Backofen auf 180 °C Ober-/Unterhitze vorheizen. Ein Backblech mit Backpapier auslegen. Baisermasse und Biskuitmasse in je einen Spritzbeutel mit 1 cm Lochtülle füllen. Mit dem Baiser beginnend, abwechselnd je einen Streifen Baiser- und Biskuitmasse längs nebeneinander auf das Backblech spritzen (etwa 15 Streifen). Auf der unteren Schiene im Ofen 20 Minuten backen, bis der Teig leicht gebräunt ist. Herausnehmen und vorsichtig auf ein Küchentuch stürzen. Das Backpapier abziehen und auskühlen lassen. Quer zu den Streifen in zwei Hälften schneiden.

Für die Kaffeecreme die Sahne mit dem Zucker steif schlagen, das Kaffeepulver hinzufügen und weiterschlagen, bis es sich aufgelöst hat. Wenn Espresso verwendet wird, die Gelatine darin auflösen. Sonst die Gelatine nach Packungsanweisung in Wasser auflösen. Ein Drittel der Sahnemischung mit der Gelatine verrühren. Wenn die Masse zu gelieren beginnt, die restliche Sahne unterrühren.

Eine der Teighälften gleichmäßig dick mit der Sahnemischung bestreichen, die zweite Teighälfte daraufsetzen. 2–3 Stunden im Kühlschrank fest werden lassen. Die Ränder gerade schneiden und das Gebäck in 10 gleiche Stücke teilen. Vor dem Servieren dick mit Puderzucker bestäuben.

Baumkuchen

Schicht für Schicht wird dieser Kuchen gebacken, ist aber trotzdem nicht länger im Ofen als ein normaler Rührkuchen, sondern sogar etwas schneller fertig! Allerdings benötigt man für diese Leckerei unbedingt einen sehr genauen Küchenwecker und ungeteilte Aufmerksamkeit, sonst wird er zu dunkel!

Für 1 Kastenform, 25 cm

250 g Butter, plus mehr für die Form
250 g Zucker
5 Eier
125 g Mehl
125 g Speisestärke
1 EL Rum
abgeriebene Schale von ½ Bio-Zitrone
150 g dunkle Kuvertüre

Die Butter zerlassen. Mit dem Zucker in eine Schüssel geben und mit den Rührstäben des Handrührgeräts aufschlagen, bis der Zucker sich aufgelöst hat. Die Eier trennen, die Eigelbe nach und nach zur Buttermasse geben, dabei weiterrühren. Mehl und Speisestärke mischen, über die Eimasse sieben und unterrühren. Rum und Zitronenschale dazugeben. Eiweiße steif schlagen und unterheben.

Die Grilltemperatur des Backofens auf 250 °C einstellen, den Rost auf die zweite Schiene von oben einschieben, sodass die erste Schicht Teig etwa 20 cm von den Grillstäben entfernt ist. Eine Kastenform ausbuttern und 1½ EL Baumkuchenmasse auf den Boden streichen. Im Ofen 2 Minuten 30 Sekunden backen, bis die Oberfläche leicht gebräunt ist. Dann die nächste Schicht auf die Oberfläche streichen und wieder 2 Minuten 30 Sekunden backen. So oft wiederholen, bis der Teig verbraucht ist.

Nach dem Backen der letzten Schicht den Ofen ausschalten und den Kuchen noch 5 Minuten darin stehen lassen. Herausnehmen, 10 Minuten abkühlen lassen und auf ein Kuchengitter stürzen. Die Kuvertüre erwärmen. Den erkalteten Kuchen damit überziehen.

TIPP Wer gern Marzipan mag, überzieht den kalten Kuchen mit einer dünnen Schicht Marzipanrohmasse und anschließend mit Kuvertüre. Auch mit weißer Kuvertüre schmeckt der Baumkuchen prima!

Sommerglück – die schönsten Obstkuchen

Träubleskuchen

Für meinen Onkel Werner ist ein Geburtstag ohne Träubleskuchen kein richtiges Fest. Und er muss genau so sein, wie ihn seine Mutter Luise immer gebacken hat: ohne gemahlene Nüsse, nur mit feinem Baiser. Hier das Originalrezept! Linn

Für 1 Springform, 26 cm Ø

250 g Mehl
1 Ei, Größe M
65 g Zucker
2 Prisen Salz
125 g kalte Butter, in Stückchen, plus mehr für die Form
2–3 EL Haferflocken (oder Tapioka)
400–450 g Johannisbeeren
2 EL Speisestärke
5 Eiweiß
250 g Puderzucker

Das Mehl, das Ei, den Zucker, 1 Prise Salz und die Butter mit den Knethaken des Handrührgeräts oder den Händen zu einem Mürbeteig kneten. Zu einer Kugel rollen und abgedeckt etwa 30 Minuten im Kühlschrank ruhen lassen.

Die Springform ausbuttern. Den Teig ausrollen und in die Form legen. Mit den Händen den Boden formen und einen Rand hochziehen. Mit einer Gabel mehrmals in den Boden stechen. Den Boden mit den Haferflocken (oder dem Tapioka) bestreuen. Den Backofen auf 160 °C Ober-/Unterhitze vorheizen.

Die Johannisbeeren putzen und mit Speisestärke bestäuben. Die Eiweiße mit 1 Prise Salz sehr steif schlagen. Den Puderzucker auf die Eiweißmasse sieben und vorsichtig mit dem Teigschaber unterheben. Zwei Drittel des Eischnees mit den Beeren mischen und auf den Haferflocken oder dem Tapioka verteilen. Den restlichen Eischnee daraufgeben. Auf der untersten Schiene 70–80 Minuten backen. Die Form nach 10 Minuten mit Backpapier abdecken. Herausnehmen und in der Form auskühlen lassen.

Rezeptfoto siehe Seite 66

TRÄUBLESKUCHEN MIT NÜSSEN ODER MANDELN Wer mag, gibt zum Eischnee 100 g gemahlene Mandeln oder Haselnüsse.

Siebenbürger Sommerkuchen

Meine Mutter, die im rumänischen Siebenbürgen aufwuchs, erzählt gern von den herrlichen, heißen Sommern, in denen sie mit ihren beiden Geschwistern im glasklaren Fluss Zibin badete, der hinter ihrem Elternhaus vorbeifloss. Wenn sie dann müde und hungrig nach Hause kamen, gab es oft einen großen, bunten Obstkuchen: den Siebenbürger Sommerkuchen. Birgit

Für 1 Backblech

Teig:

350 g Mehl, plus mehr für die Arbeitsfläche

200 g kalte Butter, in Stückchen

100 g Zucker

1 Prise Salz

1 Ei, Größe M

Butter für die Form

Belag:

2 kg gemischte Sommerfrüchte (z. B. Pflaumen, Kirschen, Pfirsiche, Johannisbeeren, Himbeeren, Stachelbeeren)

weiche Butter für das Blech

500 ml Milch

3 EL Weizengrieß

2 Eigelb

4 EL Zucker

Für den Teig das Mehl auf die Arbeitsfläche schütten und eine Mulde hineindrücken. Die Butterstückchen auf dem Mehlrand verteilen. Zucker, Salz und Ei in die Mulde geben. Mit einem großen Messer oder eine Palette durchhacken, das Mehl dabei zur Mitte schieben, bis sich die Zutaten grob verbunden haben. Anschließend mit den Händen zu einem geschmeidigen Teig kneten. Eine Kugel formen, in Frischhaltefolie wickeln, mindestens 5 Stunden, besser über Nacht, in den Kühlschrank stellen.

Backofen auf 180 °C Ober-/Unterhitze vorheizen. Backblech mit hohem Rand ausbuttern. Früchte putzen. Kirschen, Pflaumen usw. entsteinen. Kirschen bleiben ganz, größere Früchte wie Pflaumen oder Pfirsiche werden halbiert. Teig auf bemehlter Arbeitsfläche ausrollen, auf das Blech legen und einen Rand hochziehen.

Für den Belag die Milch in einem Topf zum Kochen bringen, den Weizengrieß unter Rühren einrieseln lassen und kurz aufkochen, bis ein dünnflüssiger Grießbrei entsteht. Vom Herd nehmen, Eigelbe unterrühren. Die Früchte auf dem Boden verteilen, mit dem Grießbrei übergießen und gleichmäßig mit Zucker bestreuen. Auf der zweiten Schiene von unten etwa 50 Minuten backen. Herausnehmen und auskühlen lassen. Frisch gebacken genießen.

Rezeptfoto siehe Seite 67

Rhabarberkuchen vom Blech

Der ist fast so schnell gemacht wie aufgegessen: ein großes Blech mit saftig-säuerlichem Rhabarberkuchen. Dazu eine große Schüssel Schlagsahne mit Vanillezucker – mehr braucht es an einem sonnigen Mainachmittag nicht, um Freunde und Familie glücklich zu machen.

Für 1 Backblech

1,5 kg Rhabarber (möglichst Himbeer-Rhabarber)
4 EL Himbeergelee
200 g weiche Butter, plus mehr für das Blech
250 g Zucker
1 Päckchen Vanillezucker
1 Prise Salz
abgeriebene Schale von ½ Bio-Zitrone
5 Eier
400 g Mehl
4 gestrichene TL Backpulver
6 EL Milch
Puderzucker zum Bestäuben

Den Rhabarber putzen und in 3 cm lange Stücke schneiden. Beim rotstieligen Himbeer-Rhabarber ist das Abziehen der Fäden nicht notwendig! Das Himbeergelee in einer Schüssel glatt rühren, die Rhabarberstücke dazugeben und alles gut vermischen.

Den Backofen auf 180 °C Ober-/Unterhitze vorheizen. Das Backblech ausbuttern. Butter, Zucker, Vanillezucker, Salz und Zitronenschale mit den Rührstäben des Handrührgeräts schaumig schlagen. Unter Rühren die Eier einzeln dazugeben. Das Mehl mit dem Backpulver vermischen und über die Masse sieben. Die Milch dazugeben und weiterrühren, bis der Teig Blasen schlägt.

Den Rührteig gleichmäßig auf dem Backblech verteilen. Die Rhabarberstücke auf den Teig geben und leicht hineindrücken. Auf der mittleren Schiene 45–50 Minuten backen. Aus dem Ofen nehmen und auf dem Blech auskühlen lassen. Mit Puderzucker bestäuben.

SAUERKIRSCH-, STACHELBEER- UND APFELKUCHEN VOM BLECH Wenn die Rhabarbersaison vorbei ist, schmeckt dieser saftige Blechkuchen auch mit Sauerkirschen, Stachelbeeren oder Äpfeln als Belag.

Heidelbeerwähe

Mit meiner Mutter habe ich als Kind im Urlaub immer irgendetwas gesammelt: Am Meer waren es Bernsteine und Muscheln, aus dem Wald kamen wir mit eimerweise Heidelbeeren zurück. Mit den kleinen Waldheidelbeeren schmeckt die Wähe auch am allerbesten! Linn

Für 1 Springform oder Tarteform, 26 cm Ø

200 g Mehl
4 Eier, Größe M
100 g kalte Butter in Stückchen, plus mehr für die Form
140 g Zucker
1 Prise Salz
300 g Heidelbeeren
250 g Sahne
abgeriebene Schale von ½ Bio-Zitrone

Das Mehl, 1 Ei, die Butter, 75 g Zucker und 1 Prise Salz in eine Schüssel geben und mit den Händen oder den Knethaken des Handrührgeräts zu einem Mürbeteig kneten. Eine Kugel formen, in Frischhaltefolie wickeln und 30 Minuten in den Kühlschrank stellen.

Backofen auf 180 °C Ober-/Unterhitze vorheizen. Springform ausbuttern. Teig zwischen zwei Lagen Klarsichtfolie zu einem Kreis von etwa 30 cm Ø ausrollen und in die Springform legen. Einen Rand hochziehen. Boden mit einer Gabel einstechen. Auf der mittleren Schiene im Ofen 10 Minuten vorbacken.

Den Boden aus dem Ofen nehmen und die Heidelbeeren darauf verteilen. Sahne, die restlichen Eier (3), den restlichen Zucker (65 g) und die Zitronenschale in einer Schüssel mit dem Schneebesen verrühren. Die Masse über die Beeren gießen. Auf der zweiten Schiene von unten weitere 30–40 Minuten backen, bis die Masse gestockt und leicht gebräunt ist. Falls die Oberfläche zu dunkel wird, mit Alufolie abdecken.

TIPP Funktioniert auch mit anderen Beeren, z. B. Brombeeren oder Johannisbeeren.

Apfelstrudel

»Geh, Susi, so a Strudelteig is ganz oafach – nur wiassn muass ma, wias geht«, sagte Rosel immer, wenn meine Freundin Susanne als Kind staunend zusah, wie der Teig immer dünner und durchsichtiger wurde, bis sich das Muster des Küchentuchs darunter abzeichnete. Und wie Rosels geschickte Hände unter dem Teig entlangfuhren, ohne ihn zu zerreißen. Susanne wuchs in einem großen Haushalt im Allgäu auf – und Rosel war die Haushälterin, die all die guten bayrischen Gerichte beherrschte. Ihr Apfelstrudelrezept geben wir gerne weiter. Üben müssen Sie selbst ... Birgit

Für 1 großen Strudel

Strudelteig:

300 g Mehl (Type 550), plus etwas mehr zum Ausziehen
2 EL Speiseöl
1 gestrichener TL Salz
Sonnenblumenöl zum Bestreichen

Apfelfüllung:

50 g Butter
100 g Semmelbrösel
1,5 kg säuerliche Äpfel (z. B. Boskop oder Cox Orange)
120 g Zucker
50 g Rosinen
¼ TL gemahlener Zimt
1 Päckchen Vanillezucker
abgeriebene Schale von ½ Bio-Zitrone
1 EL Rum (nach Belieben)
120 g Butter, zerlassen
Puderzucker zum Bestäuben

Für den Teig das Mehl auf eine Arbeitsplatte schütten, in die Mitte eine Mulde drücken, Öl und Salz hineingeben. 150 ml lauwarmes Wasser nach und nach dazugießen, alles mit den Händen zu einem glatten Teig verkneten, bis er sich gut von den Händen löst. In eine Schüssel geben und mit etwas Öl bestreichen. Mit einem feuchten Tuch abdecken und an einem warmen Ort mindestens 30 Minuten ruhen lassen.

Für die Füllung die Butter in einer Pfanne zerlassen, die Semmelbrösel dazugeben und unter Rühren goldbraun braten. Vom Herd nehmen. Die Äpfel schälen, vierteln, dabei das Kerngehäuse entfernen, und in dünne Scheiben schneiden. In einer Schüssel mit den Semmelbröseln, Zucker, Rosinen, Zimt, Vanillezucker, Zitronenschale und Rum vermischen.

Den Backofen auf 180 °C Ober-/Unterhitze vorheizen. Das Backblech ausbuttern. Ein großes Geschirrtuch auf die Arbeitsplatte legen, das Tuch mit Mehl bestäuben. Den Teig auf das Tuch legen, etwas Mehl daraufstreuen und möglichst dünn ausrollen. Mit gespreizten Fingern, Handrücken nach oben, seitlich unter den Teig gleiten und ihn langsam auseinanderziehen. So oft wiederholen, bis er durchscheinend ist. Mit Fingerspitzengefühl arbeiten, damit der Teig nicht reißt. Auf dem Geschirrtuch liegen lassen.

Den Teig mit zwei Dritteln der zerlassenen Butter bestreichen. Die Apfelmischung längs auf dem Teig verteilen. Das Tuch unter dem Teig mit den Händen straffen und den Teig damit über die Füllung klappen. Dem Strudel nochmals einen »Schubs« geben, sodass die Füllung ganz im Teig eingeschlagen ist. Den Strudel mit der Naht nach unten auf das Backblech setzen und mit der restlichen Butter bepinseln. Auf der mittleren Schiene 45 Minuten backen. Herausnehmen, mit Puderzucker bestäuben und warm servieren.

Obsttörtchen

Im Juli, wenn der Beerensommer seinen Höhepunkt erreichte, hatten diese kleinen Törtchen bei unseren Nachbarn Hochsaison. Oma Elsie, die Nachbarin, hatte den Garten voll mit verschiedenen Beerensorten – und sie wurden alle auf einmal reif. Statt die Hände über dem Kopf zusammenzuschlagen, trommelte sie ein paar Nachbarskinder zum Beerenpflücken zusammen, backte kleine Törtchen, füllte sie mit Vanillecreme und krönte sie üppig mit der gesammelten Beerenpracht. Birgit

Für 10 Tartelettformen, 7 cm Ø

Teig:

200 g Mehl, plus mehr für die Arbeitsfläche
1 TL Backpulver
100 g Zucker
1 Päckchen Vanillezucker
1 Prise Salz
100 g weiche Butter, plus mehr für die Formen
2 Eier, Größe M

Belag:

1 kg gemischte Beeren
500 ml Milch
100 g Zucker
1 Päckchen Vanillezucker
5 Eigelb
30 g Speisestärke
200 g Sahne

Den Backofen auf 200 °C Ober-/Unterhitze vorheizen. Die Tartelettförmen ausbuttern.

Alle Teigzutaten in eine Schüssel füllen. Mit den Knethaken des Handrührgeräts zu einem glatten Teig verarbeiten. Den Teig auf bemehlter Arbeitsfläche etwa 1 cm dick ausrollen und mit den Tartelettformen ausstechen. Teig in die Förmchen legen, an den Rändern etwas hochdrücken. Auf der mittleren Schiene 12–15 Minuten backen. Herausnehmen, nach 10 Minuten aus der Form stürzen, auf einem Kuchengitter auskühlen lassen.

Die Beeren putzen. 10 EL von der Milch abnehmen und beiseitestellen. Die restliche Milch mit der Hälfte des Zuckers und dem Vanillezucker in einem Topf aufkochen. Die Eigelbe in einer Schüssel mit dem übrigen Zucker (50 g), der Speisestärke und den 10 EL Milch verrühren. In dünnem Strahl unter Rühren in die kochende Vanillemilch gießen. Weiterrühren und kurz aufkochen. Vom Herd nehmen und auskühlen lassen. Die Sahne steif schlagen und unter die kalte Vanillecreme rühren. Die Törtchen mit der Creme füllen, mit den Beeren dekorieren und gleich servieren.

TIPP Werden die Törtchen erst später gegessen, empfiehlt sich ein Überzug mit Tortenguss. Und sie schmecken natürlich auch mit anderen Früchten.

Apfel-Quark-Torte

Streuselkuchen liebe ich, Apfelkuchen ebenfalls, und Quarktorte könnte ich sowieso jeden Tag essen. Die Apfel-Quark-Torte vereint alle drei Vorlieben. Muss ich noch mehr sagen? Linn

Für 1 Springform, 26 cm Ø

Streuselteig:

280 g Mehl
1 TL Backpulver
125 g Butter, plus mehr für die Form
80 g Zucker
1 Päckchen Vanillezucker
1 Prise Salz
1 Ei, Größe M

Füllung:

1 kg Äpfel
100 g Zucker
1 Zimtstange
250 g Magerquark
2 Eigelb
50 g Speisestärke
½ TL Zimt

Für den Teig und die Streusel 250 g Mehl und das Backpulver in eine Schüssel sieben. Butter, Zucker, Vanillezucker, Salz und das Ei dazugeben. Mit den Knethaken des Handrührgeräts oder den Händen einen Streuselteig zubereiten. Die Springform ausbuttern. Zwei Drittel des Teigs in einer gefetteten Springform verteilen und mit den Händen Boden und Rand formen. Mit einer Gabel Löcher in den Boden piksen.

Für die Füllung die Äpfel schälen, in Viertel schneiden und das Kerngehäuse entfernen. Die Apfelviertel, 150 ml Wasser, 50 g Zucker und die Zimtstange in einen Topf geben und 3–4 Minuten dünsten. Vom Herd nehmen und in ein Sieb schütten. Die Äpfel abtropfen lassen und den Saft in einer Schüssel auffangen. Den Backofen auf 180 °C Ober-/Unterhitze vorheizen.

Den Magerquark in einer Rührschüssel mit dem restlichen Zucker (50 g), den Eigelben und der Speisestärke vermengen. 4 EL Apfelsud zur Quarkmasse geben, dabei weiterrühren. Die Quarkmasse auf den Kuchenboden geben und die Äpfel darauf verteilen. Zum Schluss den restlichen Streuselteig mit dem restlichen Mehl (30 g) und dem Zimt zwischen den Fingern zerbröseln und über die Quarkmasse streuen. Auf der zweiten Schiene von unten 35–45 Minuten backen, bis der Kuchen goldbraun ist.

TIPP Statt der Äpfel Kirschen, Aprikosen oder Heidelbeeren in die Quarkmasse geben.

Himbeer-Quark-Torte

Ein Prachtstück in Pink. Die Mutter meiner Schulfreundin Marion machte diese frisch-fruchtige Sommertorte mit großem Erfolg für Kindergeburtstagsfeiern. Weil kleine Mädchen, früher wie heute, die Farbe Rosa einfach lieben. Und weil die Torte sehr gut schmeckte, wurde sie immer gleich als Erstes verputzt. Dass trotzdem noch Platz war für Cocktailwürstchen, Zuckermäuse, Nudelsalat und Gummibärchen: Ehrensache. Die Torte schmeckt aber auch großen Mädchen. Birgit

Für 1 Springform, 26 cm Ø

Biskuit:

50 g Butter
6 Eier, Größe M
150 g Zucker, plus 1 EL zum Bestreuen
1 Prise Salz
abgeriebene Schale von ½ Bio-Zitrone
120 g Mehl
30 g Speisestärke
1 gestrichener TL Backpulver

Füllung:

600 g Himbeeren
1 kg Magerquark
180 g Zucker
6 Blatt weiße Gelatine
350 g Sahne
1 Päckchen Vanillezucker

Backofen auf 180 °C Ober-/Unterhitze vorheizen. Den Boden der Springform mit Backpapier auskleiden. Die Butter in einem kleinen Topf schmelzen. In einer großen Schüssel die Eier mit Zucker, Salz und Zitronenschale mit den Rührstäben des Handrührgeräts schaumig schlagen. Mehl, Speisestärke und Backpulver mischen und vorsichtig unterheben. Den Biskuit in die Form füllen, glatt streichen und auf der unteren Schiene etwa 35 Minuten backen. Ein Küchentuch mit 1 EL Zucker bestreuen, den Biskuit aus dem Ofen nehmen und daraufstürzen. Die Form lösen und das Backpapier vorsichtig abziehen. Vollständig auskühlen lassen – am besten über Nacht. Mit einem großen Messer waagerecht in drei gleich dicke Böden schneiden.

Für die Füllung zwei Drittel der Himbeeren durch ein Sieb passieren, die restlichen Himbeeren kühl stellen. Quark und Zucker mit den Rührstäben des Handrührgeräts cremig rühren. Das Himbeerpüree dazugeben und gut untermengen. Die Gelatine nach Packungsanweisung einweichen und auflösen. 250 g Sahne mit dem Vanillezucker steif schlagen. Gelatine mit 2 EL der Sahne verrühren. Dann unter die restliche Sahne heben. Die Sahnemischung mit der Quarkmasse verrühren. Von den restlichen Himbeeren 12 Stück für die Dekoration beiseitelegen, die übrigen vorsichtig unter die Füllung heben.

Den untersten Biskuitboden auf eine mit Backpapier belegte Kuchenplatte geben, mit einem Viertel der Füllung bestreichen, den mittleren Boden darauflegen und ebenfalls mit einem Viertel der Füllung bestreichen. Den oberen Boden aufsetzen, die restliche Himbeercreme darauf verteilen und auf dem Tortenrand glatt streichen. Einen Tortenring um die Torte legen oder den geöffneten Rand der Springform vorsichtig darüberstülpen. Zum Festwerden mindestens 2–3 Stunden in den Kühlschrank stellen.

Kurz vor dem Servieren den Tortenring bzw. den Springformrand vorsichtig lösen. Die restliche Sahne (100 g) steif schlagen und in einen Spritzbeutel mit Sterntülle füllen. Den Tortendeckel in gleichmäßigen Abständen mit 12 Sahnetupfern garnieren. Auf jeden Tupfer eine Himbeere setzen.

Luise Möhl aus Württemberg

Köstliches von der Alb

Wer bei Luise Möhl vom Haus in den Garten tritt, staunt: Der Blick auf die Schwäbische Alb mit der Burg Teck wirkt von der Terrasse aus wie eine Panoramapostkarte. Doch Luise Möhl winkt ab: »Ach, früher war das viel schöner. Als mein Mann und ich nach unserer Hochzeit hierher zogen, waren wir das letzte Haus in der Straße, dahinter kamen nur noch Wiesen!« Seit ihrer Kindheit wohnt die 81-Jährige in dem kleinen Dorf Bissingen unterhalb der Schwäbischen Alb und der Burg Teck, umgeben von malerischen Streuobstwiesen.

Ein bisschen wirkt der kleine Ort wie aus der Zeit gefallen. Auch bei Luise Möhl ist fast alles noch so, wie sie es sich Ende der Fünfzigerjahre eingerichtet hat: Das Kochbuch, die Küchenwaage und die Küchenuhr waren Hochzeitsgeschenke. Die Einbauküche stammt ebenfalls aus der Zeit und begeistert uns sehr. Ihre Küche, etwas Besonderes? Luise Möhl schüttelt belustigt den Kopf und wendet sich schnell wieder dem Mürbeteig für den Stachelbeerkuchen zu, der nach alter Art gehackt und nicht geknetet wird. Das gibt den besonderen, blätterteigartigen Geschmack.

Luise Möhl ist noch immer eine leidenschaftliche Bäckerin. Auf keinem Familienfest darf einer ihrer Obstkuchen fehlen, mit Johannis- oder

Stachelbeeren aus dem eigenen Garten. Ins Backbuch muss sie dazu nicht mehr schauen – bis vor ein paar Jahren hat Luise jede Woche einen Sonntagskuchen gebacken. Fotos und Bilder von den Enkeln, aber auch Schwarz-Weiß-Bilder von früher schmücken die Wände im Haus. Zu jedem Bild kann sie eine lustige Geschichte erzählen. Und die klingen so, als wäre das alles erst gestern passiert.

Stachelbeerkuchen

Diesen Kuchen bäckt Luise Möhl schon seit den 1950er-Jahren so – mal mit Stachelbeeren, mal mit Johannisbeeren. Ein richtiger Klassiker also.

Für 1 Springform, 30 cm Ø

Boden:

300 g Mehl, plus mehr zum Ausrollen
1 TL Backpulver
125 g Zucker
1 Ei
150 g weiche Butter, plus mehr für die Form
2–3 EL Haferflocken

Belag:

1 kg grüne Stachelbeeren
4 Eier
250 g Zucker
2 EL Sauerrahm
abgeriebene Schale von ½ Bio-Zitrone
100 g gemahlene Haselnüsse
Puderzucker zum Bestäuben

Die Springform ausbuttern. Mehl und Backpulver auf die Arbeitsfläche sieben, mit Zucker mischen, eine Mulde hineindrücken. Das Ei in die Mulde schlagen, die Butter in Flöckchen über dem Mehlgemisch verteilen. Mit einem Messer die Butter in den Teig hacken, bis keine Stückchen mehr zu sehen sind. Dann den Teig mit den Händen rasch zu einer Kugel formen. Auf einer bemehlten Arbeitsfläche ausrollen, in die Form legen und einen Rand hochziehen. Mit den Haferflocken ausstreuen.

Den Backofen auf 180 °C Ober-/Unterhitze vorheizen. Für den Belag die Stachelbeeren putzen. Die Eier trennen. Die Eiweiße steif schlagen. Die Eigelbe mit dem Zucker, dem Sauerrahm und der Zitronenschale mit den Rührstäben des Handrührgeräts schaumig schlagen. Die gemahlenen Haselnüsse unterrühren, dann den Eischnee und zuletzt die Früchte unterheben. Die Masse auf den Boden gießen. Auf der mittleren Schiene 45–55 Minuten backen, bis die Oberfläche leicht gebräunt ist. Herausnehmen, 15 Minuten in der Form auskühlen lassen und erst dann aus der Form lösen. Vor dem Servieren mit Puderzucker bestäuben.

Pfirsich-Mandel-Kuchen

Ein erfrischender, leichter Sommerkuchen, der auch ohne Sahne schmeckt. Meine Tante Fränzi machte ihn mit diesem speziellen Biskuitteig, an den kochend heiße Milch kommt. So entsteht ein Biskuit, der wie ein sehr komfortables Sofa ist: weich und federnd, aber auch elastisch und formbeständig – der schmeckt sogar noch auf den unbequemsten Gartenstühlen köstlich. Birgit

Für 1 Springform, 26 cm Ø

Biskuit:

180 g Mehl
1 TL Backpulver
1 Prise Salz
125 ml Milch
40 g Butter
2 Eier, Größe M
200 g Zucker
1 Päckchen Vanillezucker

Belag:

1 kg Pfirsiche
100 ml Weißwein (ersatzweise Wasser und einige Spritzer Zitronensaft)
90 g Zucker
1 Päckchen Mandelpuddingpulver
500 ml Milch

Mandelkaramell:

10 g Butter
20 g Zucker
50 g Mandelstifte

Den Backofen auf 180 °C Ober-/Unterhitze vorheizen. Für den Biskuit Mehl, Backpulver und Salz in einer Schüssel vermischen. Milch und Butter in einem kleinen Topf erhitzen, bis die Flüssigkeit fast kocht. Vom Herd nehmen. Die Eier in einer großen Schüssel mit den Rührstäben des Handrührgeräts auf höchster Stufe 2 Minuten schaumig schlagen. Zucker und Vanillezucker nach und nach unterrühren und etwa 3 Minuten weiterschlagen, bis die Masse hell und cremig ist. Die Mehlmischung dazugeben und unterheben. Die heiße Milch-Butter-Mischung dazugeben, alles gut verrühren.

Einen Kreis (26 cm Ø) aus Backpapier ausschneiden und auf den Springformboden legen. Den Teig in die Form füllen und glatt streichen. Auf der untersten Schiene 25–30 Minuten backen. Herausnehmen und 10 Minuten in der Form abkühlen lassen. Dann den Biskuitboden zum Auskühlen auf ein Kuchengitter stürzen. Das Backpapier abziehen.

Für den Belag die Pfirsiche kurz in kochendes Wasser tauchen, kalt abschrecken und die Haut abziehen. Enthäutete Früchte halbieren und dabei den Stein entfernen. Wein und 50 g Zucker in einem breiten Topf zum Kochen bringen. Die Pfirsichhälften hineingeben und bei milder Hitze etwa 2 Minuten sanft köcheln, möglichst nicht umrühren. Vom Herd nehmen und Pfirsiche im Sud abkühlen lassen.

Den Mandelpudding mit der Milch und dem restlichen Zucker (40 g) nach Packungsanweisung zubereiten. Noch warm auf dem Biskuitboden verteilen. Die abgetropften Pfirsichhälften auf den Pudding legen. 2 Stunden im Kühlschrank fest werden lassen.

Für den Mandelkaramell Butter und Zucker in einer kleinen Pfanne schmelzen, die Mandelstifte dazugeben und unter ständigem Rühren karamellisieren. Sofort aus der Pfanne nehmen – sie werden sonst zu dunkel. Den Kuchenrand rundum mit den karamellisierten Mandelstiften garnieren.

TIPP Wenn der Kuchen erst am nächsten Tag auf die Kaffeetafel kommt, die Pfirsiche mit klarem Tortenguß überziehen, so behalten sie ihre helle Farbe. Und statt der Pfirsiche schmecken auch Aprikosen.

Pflaumenkuchen

Der saftige Blechkuchen ist der Lieblingsobstkuchen meines Sohns Jakob, den eine Erzieherin aus seinem Kindergarten im Herbst zur Pflaumenzeit nach einem Familienrezept bäckt. Linn

Für 1 Backblech

Quark-Öl-Teig:

250 g Quark (20% Fettgehalt)
8 EL neutrales Speiseöl (z. B. Sonnenblumenöl oder Keimöl)
6 EL Milch
150 g Zucker
1 Päckchen Vanillezucker
1 Prise Salz
400 g Mehl
1 Päckchen Backpulver

Belag:

1 kg Pflaumen oder Zwetschgen
200 g Mehl
100 g Zucker
1 Päckchen Vanillezucker
1 Prise Salz
125 g kalte Butter, in Stückchen
½ TL gemahlener Zimt (nach Belieben)

Für den Quark-Öl-Teig den Quark in einem Sieb abtropfen lassen. In einer Schüssel mit Öl, Milch, Zucker, Vanillezucker und Salz verrühren. Mehl und Backpulver vermischen und die Hälfte davon mit den Knethaken des Handrührgeräts unter die Quarkmasse rühren. Das restliche Mehl zum Teig geben und mit den Händen einen geschmeidigen Teig kneten.

Den Backofen auf 180 °C Ober-/Unterhitze vorheizen. Ein Backblech mit Backpapier auslegen. Den Teig ausrollen und auf das Backpapier geben. (Wer mag, kann ihn gleich direkt auf dem Backpapier ausrollen.) Für Belag die Pflaumen oder Zwetschgen putzen, kreuzförmig ein-, aber nur an einer Seite durchschneiden, dabei den Kern entfernen. Auf den Teig legen.

Für die Streusel Mehl, Zucker, Vanillezucker, Salz, Butter und Zimt in eine Schüssel geben. Mit den Händen oder einer Gabel rasch zu Streuseln vermengen. Über den Pflaumen verteilen. Auf der mittleren Schiene 30–40 Minuten backen, bis die Streusel leicht gebräunt sind.

ZWETSCHGENDATSCHI Ohne die Streusel, mit 1,5 kg Zwetschgen dicht belegt und nach dem Backen noch heiß mit 50 g Zimtzucker bestreut, wird der Pflaumenkuchen zum Zwetschgendatschi.

Helgas gedeckter Apfelkuchen

Meine Schwiegermutter verhehlt es nicht: Kochen ist nicht so ihr Ding – das geht sie ganz pragmatisch an. Aber Backen, das macht sie mit ganz viel Liebe. Und wenn es im Herbst ihren sensationellen gedeckten Apfelkuchen gibt, sitzt die ganze Familie mit leuchtenden Augen und gezückten Kuchengabeln am Kaffeetisch. Birgit

Für 1 Springform, 26 cm Ø

200 g kalte Butter, in Stückchen
230 g Zucker
400 g Mehl, plus mehr für die Arbeitsfläche
3 Eier, Größe M
1 Päckchen Vanillezucker
1 TL Backpulver
1 Prise Salz
1 kg Boskop (oder andere feste, säuerliche Äpfel)
Saft von 1 Zitrone
weiche Butter für die Form
2 EL Milch
2 EL gehackte Haselnusskerne
100 g Puderzucker

Die Butter mit 200 g Zucker, Mehl, Eiern, Vanillezucker, Backpulver und Salz mit den Knethaken des Handrührgeräts oder den Händen rasch zu einem Teig verkneten. Eine Kugel formen, in Frischhaltefolie wickeln und mindestens 1 Stunde in den Kühlschrank stellen.

Die Äpfel schälen, vierteln, das Kerngehäuse entfernen und in kleine Stücke schneiden. In einem Topf mit 100 ml Wasser, dem restlichen Zucker (2 EL) und der Hälfte des Zitronensafts in etwa 10 Minuten weich dünsten. Vom Herd nehmen und abkühlen lassen.

Den Backofen auf 180 °C Ober-/Unterhitze vorheizen. Die Springform ausbuttern. Den Teig aus dem Kühlschrank nehmen, in zwei Hälften teilen. 1 Handvoll Mehl auf der Arbeitsfläche verteilen. Die Teighälften nacheinander kreisförmig (etwa 28 cm Ø) ausrollen.

Den Boden der Springform mit einer Teighälfte auskleiden und einen Rand hochziehen. Die Äpfel auf dem Boden verteilen. Mit der zweiten Teighälfte abdecken, leicht andrücken. Die Oberfläche mehrfach mit einer Gabel einstechen. 2 EL Milch mit einem Pinsel auf der Oberfläche verstreichen, die gehackten Haselnusskerne daraufstreuen. Auf der zweiten Schiene von unten 50 Minuten backen. Aufpassen, dass die Oberfläche nicht zu dunkel wird.

Kuchen aus dem Ofen nehmen und 10 Minuten in der Form lassen, dann den Springformrand lösen. Kuchen auskühlen lassen. Puderzucker mit dem restlichen Zitronensaft glatt rühren und Kuchen damit bepinseln.

Erdbeertorte

Wer diese klassische Erdbeertorte mit Vanillecreme auf den Tisch stellt und sich einmal kurz umdreht, wird sich wundern: Sie ist garantiert ratzfatz aufgegessen, weil sie so wunderbar leicht und fruchtig schmeckt.

Für 1 Obstkuchen- oder Quicheform, 30 cm Ø

Butter für die Form
3 Eier
180 g Zucker
abgeriebene Schale von ½ Bio-Orange
60 g Mehl
½ TL Backpulver
60 g Speisestärke
3 EL Milch
2 EL Vanillepuddingpulver
250 g Sahne
750 g Erdbeeren
1 Päckchen roter Tortenguss

Die Form ausbuttern. Die Eier trennen. Eigelbe und 150 g Zucker mit den Rührstäben des Handrührgeräts schaumig schlagen. Die Eiweiße steif schlagen und zusammen mit der Orangenschale unter die Eigelbmasse heben. Mehl, Backpulver und Speisestärke darübersieben und unterheben. Den Teig in die Form füllen und auf die mittlere Schiene in den kalten Backofen schieben. Temperatur auf 175 °C Ober-/Unterhitze stellen. Den Boden in 30–35 Minuten hellbraun backen. Sofort aus der Form lösen und mindestens 30 Minuten auskühlen lassen.

Die Milch mit dem Puddingpulver und 1 EL Zucker mischen. Die Sahne in einem Topf unter Rühren aufkochen, von der Platte nehmen und die Puddingmilch unter Rühren hinzufügen. Nochmals 1 Minute kochen lassen, vom Herd nehmen und 15 Minuten auskühlen lassen. Zwischendurch umrühren, damit sich keine Haut bildet.

Die Erdbeeren von den Kelchen befreien und halbieren. Die Puddingcreme auf dem Tortenboden verteilen, die Erdbeeren auf die Creme legen. Den Tortenguss mit dem restlichen Zucker in einem Topf vermischen, 250 ml kaltes Wasser unterrühren. Aufkochen lassen, vom Herd nehmen und die Früchte sofort mit dem Guss überziehen.

Kirschkuchen

Der Lieblingskuchen ihrer Familie wird von Edith Nissen das ganze Jahr über gebacken – zur Kirschenzeit deckt sie sich mit 25 kg Schattenmorellen ein, die sie einfriert. Die Kirschfüllung bei diesem Kuchen ist so flüssig, dass sie beim Schneiden herunterläuft, denn »dann schmeckt es am besten«, so Edith. Und ein ordentlicher Schlag Sahne gehört natürlich auch noch obendrauf! Linn

Für 1 Springform, 28 cm Ø

1 kg Sauerkirschen (Schattenmorellen)
140 g Zucker, plus mehr für die Kirschen
300 g Mehl
2 gestrichene TL Backpulver
4 Eigelb
2 Päckchen Vanillezucker
130 g kalte Butter, in Stückchen, plus mehr für die Form
20 g Speisestärke
2 EL Semmelbrösel

Die Kirschen entsteinen, in einer Schüssel mit Zucker nach Geschmack bestreuen und etwa 1 Stunde ziehen lassen. Für den Mürbeteig das Mehl, das Backpulver, die Eigelbe, den Zucker, den Vanillezucker und die Butter mit den Knethaken des Handrührgeräts oder den Händen zu einem Mürbeteig kneten. Zu einer Kugel rollen, in Frischhaltefolie wickeln und etwa 30 Minuten in den Kühlschrank legen.

Den Backofen auf 180 °C Ober-/Unterhitze vorheizen. Die Springform ausbuttern. Den Teig in die Springform legen. Mit den Händen den Boden formen und einen Rand hochziehen. (Wer mag, kann den Teig auch zwischen zwei Folien Frischhaltefolie ausrollen.) Auf der mittleren Schiene in etwa 25 Minuten goldbraun backen. Herausnehmen und auskühlen lassen.

Die entsteinten Kirschen in ein Sieb geben, den Saft in einem Kochtopf auffangen. Es werden 250 ml Saft gebraucht. (Notfalls mit Kirsch- oder Johannisbeersaft auffüllen.) Nochmals mit Zucker abschmecken. 2 EL Kirschsaft abnehmen und mit der Speisestärke verrühren. Den restlichen Saft aufkochen und die Speisestärke nach und nach einrühren, bis der Saft eindickt. Dann die Kirschen dazugeben. 5 Minuten auf kleiner Flamme köcheln. Vom Herd nehmen und 10 Minuten abkühlen lassen. Den Mürbeteigboden mit Semmelbröseln bestreuen. Die Kirschmasse auf den Boden gießen und fest werden lassen. Bis zum Servieren kühl stellen.

Rezeptfoto siehe Seite 2

TIPP Damit die Kirschmasse richtig schnittfest wird, Kirschsaft mit zusätzlichen 2–3 TL Speisestärke anrühren.

Schlupfkuchen mit Kirschen

Auf der Wiese vor unserem Haus stand ein großer Kirschbaum. Als Dreijährige wollte ich meiner Mutter eine Freude machen und pflückte ein paar grüne Kirschen. »Die sind doch noch gar nicht reif«, sagte meine Mutter. »Wenn sie rot und weich sind, dann pflückst du noch mal welche, und wir backen einen Kirschkuchen.« Das haben wir auch gemacht. Linn

Für 1 Springform, 26 cm Ø

200 g weiche Butter, plus mehr für die Form
200 g Zucker
1 Prise Salz
abgeriebene Schale von ½ Bio-Zitrone
3 Eier, Größe M
350 g Mehl
3 gestrichene TL Backpulver
3–4 EL Milch
700 g entsteinte Sauerkirschen

Backofen auf 180 °C Ober-/Unterhitze vorheizen. Springform ausbuttern. Butter und Zucker, Salz und Zitronenschale mit den Rührstäben des Handrührgeräts schaumig schlagen. Unter Rühren Eier einzeln dazugeben. Mehl mit Backpulver vermischen, über die Masse sieben und unterheben. Milch dazugeben und weiterrühren, bis der Teig schwer vom Löffel fällt. Ist er zu fest, etwas mehr Milch zugeben. Zwei Drittel der Kirschen vorsichtig unterheben. Teig in die Springform geben und glatt streichen. Restliche Kirschen auf dem Teig verteilen, etwas andrücken. Auf der mittleren Schiene in 45–55 Minuten backen. Herausnehmen, 15 Minuten auskühlen lassen und aus der Form lösen.

Süße Teilchen

Schokoküsse

Nur aus Eiern, Zucker, Mehl und etwas Schlagsahne kann man diese kleine Köstlichkeit zaubern! Das ist gar nicht so schwierig.

Für etwa 15 Stück
4 Eier
80 g Zucker
125 g Mehl, gesiebt
125 g dunkle Kuvertüre
500 g Sahne
1 Päckchen Vanillezucker

Die Eier trennen. Die Eiweiße steif schlagen, nach und nach den Zucker einrieseln lassen. Die Eigelbe einzeln einrühren und das gesiebte Mehl unterziehen. Den Backofen auf 160 °C Ober-/Unterhitze vorheizen. Ein Backblech mit Backpapier auslegen. Den Teig in einen Spritzbeutel mit glatter Tülle füllen und damit kleine Häufchen auf das Backpapier spritzen (oder in die Mulden einer Schokokussform füllen). Auf der zweiten Schiene von unten in 15–20 Minuten goldgelb backen. Herausnehmen und vollständig auskühlen lassen.

Die Kuvertüre nach Packungsanweisung schmelzen. Die Schokoküsse in der Mitte waagerecht durchschneiden. Alle Deckel in die flüssige Kuvertüre tauchen und auf einem Kuchengitter trocknen lassen. Vor dem Servieren die Sahne mit dem Vanillezucker steif schlagen, die Böden damit bestreichen und die schokolierten Deckel auf die Sahne setzen.

Rezeptfoto siehe Seite 96

LÖFFELBISKUITS Den Teig in einen Spritzbeutel füllen, längliche Kekse auf das Backpapier spritzen und in 15–20 Minuten hellbraun backen. Herausnehmen und noch heiß in Zucker wenden.

Hanseaten

Weißer und rosafarbener Zuckerguss auf einem mit Himbeermarmelade gefülltem Keks – Hanseaten habe ich als Kind geliebt! (Sie heißen übrigens so, weil die rot-weiße Farbe an die Hamburger Flagge erinnert.) Und sie sind keineswegs nur ein Mädchengebäck – meine Jungs sind davon genauso fasziniert wie ich früher. Aber Achtung: Die Dinger sind wirklich zuckersüß! Linn

Für 8–9 Stück

300 g Mehl, plus mehr für die Arbeitsfläche
100 g Zucker
1 Prise Salz
1 Ei, Größe M
150 g weiche Butter
200 g Himbeergelee
200 g Puderzucker
4 EL frisch gepresster Zitronensaft oder Wasser
rote Speisefarbe

Mehl, Zucker, Salz, Ei und Butter mit den Knethaken des Handrührgeräts und anschließend mit den Händen zu einem Mürbeteig verkneten. Zu einer Kugel rollen, in Frischhaltefolie packen und etwa 1 Stunde im Kühlschrank ruhen lassen.

Den Backofen auf 180 °C Ober-/Unterhitze vorheizen. Ein Backblech mit Backpapier auslegen. Den Teig auf einer bemehlten Arbeitsfläche oder zwischen Klarsichtfolie 5 mm dick ausrollen. Mit einem Glas oder Ausstecher 16–18 Kreise ausstechen (10–12 cm Ø) und auf das Backpapier legen. Auf der zweiten Schiene von unten 10–12 Minuten backen, bis die Kekse leicht gebräunt sind. Herausnehmen und etwa 1 Stunde auskühlen lassen.

Das Gelee in einem Topf bei geringer Hitze erwärmen, bis es leicht flüssig wird. Jeweils 1 EL auf jedem Keks verstreichen und einen zweiten Keks daraufsetzen. Den Puderzucker mit Zitronensaft oder Wasser verrühren. Die Hälfte des Gusses mit ein paar Tropfen Speisefarbe einfärben. Anschließend die Hanseaten je zur Hälfte mit weißem und rosa Guss bestreichen.

Franzbrötchen

Mit Anfang zwanzig machte ich ein Praktikum in München, und einer meiner ersten Wege führte mich morgens verschlafen in eine Bäckerei. »Ein Franzbrötchen, bitte«, sagte ich zu der Verkäuferin, die mich nur verständnislos anschaute. Mir war bis zu diesem Tag überhaupt nicht klar, dass Franzbrötchen eine Hamburger Spezialität sind. Linn

Für etwa 10 Stück

500 g Mehl, plus mehr für die Arbeitsfläche
1 Würfel frische Hefe (42 g)
250 ml lauwarme Milch
230 g Zucker
100 g weiche Butter
1 Prise Salz
150 g kalte Butter
2 TL Zimt

Mehl in eine Schüssel sieben, eine Mulde hineindrücken. Hefe in die Mulde bröseln. 100 ml Milch und 1 Prise Zucker zur Hefe geben. Vorsichtig mit etwas Mehl vermischen. Vorteig zugedeckt 20 Minuten gehen lassen. Restliche Milch (150 ml), 70 g Zucker, die weiche Butter, Eier und Salz zum Vorteig geben. Etwa 5 Minuten kneten, bis kein Teig mehr an den Fingern kleben bleibt. Eine Kugel formen und weitere 30 Minuten abgedeckt gehen lassen, bis sich das Volumen fast verdoppelt hat.

Arbeitsfläche mit Mehl bestäuben, Teig etwas kleiner als Backblechgröße ausrollen. Die Hälfte des Teigrechtecks mit der in dünne Scheiben geschnittenen, kalten Butter belegen. Die andere Teighälfte darüberklappen, sodass keine Butter mehr zu sehen ist. Die Ränder festdrücken. Den Teig mit der Butterfüllung wieder ausrollen, diesmal auf Backblechgröße. Von der schmalen Seite aus ein Drittel des Teigs zur Mitte klappen und das zweite Drittel darüberschlagen, sodass drei Schichten übereinanderliegen. In Frischhaltefolie wickeln, im Kühlschrank 15 Minuten fest werden lassen. Backblech mit Backpapier auslegen.

Zimt und die restlichen 150 g Zucker vermischen. Gekühlten Teig etwas größer als das Backblech ausrollen, mit Zimtzucker bestreuen und von der Längsseite her aufrollen. Die Rolle in 4 cm breite Stücke schneiden. Jedes Stück in der Mitte und von oben mit einem Holzlöffel eindrücken. Holzlöffel herausziehen und Franzbrötchen mit der Hand flach drücken. Den Backofen auf 200 °C stellen. Die Hälfte der Franzbrötchen auf das Backpapier legen und auf der mittleren Schiene 15–20 Minuten backen. Herausnehmen, auskühlen lassen. Die zweite Ladung Brötchen in den Ofen schieben, aber nur etwa 10–15 Minuten backen.

Rezeptfoto siehe Seite 97

Neujahrswaffeln

»Glück seis Neejohr!« Zwischen Weihnachten und Neujahr backen die Eltern meiner Freundin Sabine einen ganzen Abend lang Neujahrswaffeln – eine Tradition im ländlichen Niedersachsen. Das knusprig-dünne Gebäck wird dann beim Neujahrsrundgang der Nachbarn als Gruß gereicht. Übrigens: Die Hörnchen schmecken zu jeder Jahreszeit – etwa mit einer Kugel Eis oder mit frischen Erdbeeren und Sahne. Linn

Für etwa 90 Stück

250 g Zucker
250 g brauner Kandiszucker
1 Päckchen Vanillezucker
250 g Butter
500 g Mehl, gesiebt
½ Päckchen Vanillepuddingpulver
2 Eier, Größe M

In einem Topf 1 Liter Wasser aufkochen. Zucker, Kandiszucker und Vanillezucker darin auflösen. Vom Herd nehmen. Die Butter in einem zweiten Topf zerlassen und etwa 20 Minuten abkühlen lassen. Die Hälfte des Zuckerwassers und der flüssigen Butter in eine Schüssel geben. Mehl und Puddingpulver nach und nach mit den Rührstäben des Handrührgeräts unterrühren. Das restliche Zuckerwasser und die restliche Butter einarbeiten. Die Eier einzeln unterrühren. Den Teig etwa 6 Stunden abgedeckt ruhen lassen. Für die Neujahrswaffeln je 2–3 EL Waffelteig im Waffeleisen ausbacken. Herausnehmen und sofort mit der Hand oder einem Hörnchenformer in die gewünschte Form bringen. Wiederholen, bis der gesamte Teig verbraucht ist.

Flachswickel

Das Rezept für die Flachswickel stammt aus Baden-Württemberg, wo früher viel Flachs angebaut wurde. Die Flachsfaser wurde zu Bündeln oder Zöpfen geflochten, daran erinnert die Form. Doris Gretzinger aus Biberach an der Riß, die in der Heimwehküche Band 1 ihre berühmten Dampfnudeln vorstellte, bäckt die Flachswickel zu vielen Anlässen, vor allem aber zum traditionellen Schützenfest. Linn

Für 25 Stück

½ Würfel frische Hefe (20 g)
4 EL lauwarme Milch
500 g Mehl
250 g weiche Butter
2 Eier, Größe M
1 Prise Salz
25 g Zucker
1 Eigelb, verquirlt
100 g Hagelzucker

Die Hefe in der lauwarmen Milch mit einer Kuchengabel verrühren. Mit dem Mehl, der Butter, den Eiern, dem Salz und dem Zucker vermengen und mit den Händen kneten, bis kein Teig mehr an den Fingern kleben bleibt.

Den Teig in etwa 25 kleine Stücke zerschneiden. Aus jedem Stück eine etwa 20 cm lange, fingerdicke Rolle formen, die in der Mitte dicker und an den Enden dünner ist. Die Rollen zu einem U legen und die dünnen Enden zweimal übereinanderschlagen. Mit verquirltem Eigelb bestreichen und mit Hagelzucker bestreuen. Auf ein mit Backpapier ausgelegten Backblech legen und abgedeckt 25 Minuten gehen lassen. Den Backofen auf 170 °C Ober-/Unterhitze vorheizen. Die Flachswickel auf der mittleren Schiene im Ofen etwa 20 Minuten backen, bis sie hellgelb sind. Herausnehmen und warm oder kalt zum Kaffee servieren.

Friesenkekse

Friesenkekse habe ich als Kind zum ersten Mal auf Sylt bekommen, als ich dort mit meinen Großeltern Ferien machte. Leider hatte ich so furchtbares Heimweh, dass mich mein Vater nach ein paar Tagen abholen musste. Reiseproviant hat mir meine Oma natürlich trotzdem mitgegeben: eine Schachtel Friesenkekse. Linn

Für etwa 40 Stück
200 g Mehl
1 Ei
70 g Zucker
1 Päckchen Vanillezucker
1 Prise Salz
½ EL Rum
abgeriebene Schale von ½ Bio-Zitrone
125 g kalte Butter
60 g Hagelzucker zum Wälzen

Das Mehl in eine Schüssel sieben, das Ei trennen. Zucker, Vanillezucker, Salz, Eigelb, Rum und Zitronenschale zum Mehl geben und untermengen. Die kalte Butter in Stückchen auf dem Teig verteilen und alles mit den Knethaken des Handrührgeräts oder mit den Händen zu einem glatten Mürbeteig verkneten. Den Teig zu einer Rolle von etwa 20–30 cm Länge formen und etwa 1 Stunde im Kühlschrank fest werden lassen. Die Rolle mit Eiweiß einpinseln und in Hagelzucker wälzen, bis sie ringsum bedeckt ist.

Den Backofen auf 180 °C Ober-/Unterhitze vorheizen. Ein Backblech mit Backpapier auslegen. Die Teigrolle aus dem Kühlschrank nehmen und in 5 mm dicke Scheiben schneiden. Die Kekse auf das Backpapier legen. 10–15 Minuten auf der mittleren Schiene backen, bis sie ganz leicht gebräunt sind.

Mutzenmandeln

Genau wie im Jägerschnitzel kein Jäger steckt, enthalten die Mutzenmandeln keine Mandeln. Das ist aber auch schon die einzige Gemeinsamkeit. Die knusprig-mürben, mandelförmigen Gesellen aus dem Rheinland werden hauptsächlich zur Karnevalszeit und zu Silvester verspeist – dann aber in rauen Mengen. Das Rezept hat meine Freundin Doris von ihrer Kölner Oma bekommen, einer Spezialistin in Sachen Fettgebackenes. Birgit

Für etwa 60 Stück

1 l neutrales Speiseöl zum Frittieren (z. B. Rapsöl)
350 g Mehl, plus mehr für die Arbeitsfläche
2 gestrichene TL Backpulver
100 g Zucker, plus mehr zum Wälzen
2 EL Rum
2 Eier, Größe M
1 Prise Salz
100 g weiche Butter

Das Öl in einem schweren Topf erhitzen. Die richtige Temperatur ist erreicht, wenn an einem ins Fett getauchten Holzlöffelstiel kleine Bläschen aufsteigen. Alle Zutaten in eine große Schüssel geben und mit den Knethaken des Handrührgeräts erst auf niedriger, dann auf höchster Stufe zu einem glatten Teig kneten. Mit leicht bemehlten Händen zu einer Kugel formen. Den Teig auf einer mit Mehl bestäubten Arbeitsfläche 1 cm dick ausrollen.

Mit zwei Teelöffeln mandelförmige Mutzen abstechen (oder mit einer speziellen Mutzenmandelform ausstechen). Portionsweise in das heiße Öl gleiten lassen und goldgelb ausbacken. Das dauert etwa 2 Minuten. Mit einer Schaumkelle herausheben und auf Küchenpapier abtropfen lassen. Zucker auf einen Teller schütten und die heißen Mutzenmandeln darin wälzen.

TIPP Wer keinen Alkohol im Gebäck mag, kann den Rum weglassen. Da die Mutzenmandeln klein sind, geht das Ausbacken sehr schnell und sie werden ganz fix zu dunkel. In einer Fritteuse lässt sich das meist nicht so gut kontrollieren, daher backt man sie besser in einem offenen Topf aus.

Buchteln

Die schmecken, wie der Name klingt: nach gemütlich bullerndem Küchenofen und Blümchentischdecke, frisch aufgebrühtem Kaffee und Kindheit. Und am allerbesten munden sie warm mit ganz viel Vanillesoße oder kalt mit Erdbeerkonfitüre.

Für 1 Auflaufform, 20 x 30 cm

500 g Weizenmehl
1 Päckchen Trockenhefe
60 g Zucker
1 Päckchen Vanillezucker
abgeriebene Schale von ½ Bio-Zitrone
1 Prise Salz
250 ml Milch
100 g weiche Butter, plus mehr für die Form
1 Ei, Größe M

Für den Hefeteig Mehl mit Hefe, Zucker, Vanillezucker, Zitronenschale und Salz vermischen. Die Milch lauwarm erhitzen, zusammen mit 60 g sehr weicher Butter und dem Ei zu den trockenen Zutaten geben. Alles mit den Knethaken des Handrührgeräts zusammenrühren und anschließend mit den Händen zu einem samtigen Teig verkneten. Mit einem Handtuch bedecken und 35–45 Minuten an einem warmen Ort gehen lassen, bis das Volumen sich fast verdoppelt hat.

Den Backofen auf 180 °C Ober-/Unterhitze vorheizen. Die Auflaufform ausbuttern. Den Teig noch einmal durchkneten und zu einer langen Rolle formen. Die Teigrolle in 12–15 Stücke teilen und diese zu Bällchen formen. Die Hefebällchen nebeneinander in die gefettete Auflaufform setzen. Die restlichen 40 g Butter zerlassen und die Buchteln damit bepinseln. Auf der mittleren Schiene im Ofen in 25 Minuten hellbraun backen.

GEFÜLLTE BUCHTELN Die Teigbällchen in der Mitte eindrücken, 1 TL Konfitüre nach Geschmack oder Pflaumenmus hineinfüllen, zusammendrücken und wie oben beschrieben backen.

Edith Nissen aus Hamburg

Kuchen & Spiele

»Edith, was gibt's heute zum Mittag?«, ruft der neunjährige Valentin, während er und die anderen Kinder sich schon mit lautem Stühlerücken, Schubsen und Kichern an die Tische setzen oder ihre Schulranzen in die Fächer räumen. »Pfannkuchen«, ruft Edith Nissen aus der Küche, während ihre Tochter Ute eine große Schale Apfelmus auf den Tisch stellt.

Immer mittwochs und freitags hilft die 86-Jährige in dem kleinen Schülerhort mit, kocht das Mittagessen, assistiert bei den Hausaufgaben und spielt am allerliebsten stundenlang Monopoly, Memory oder Uno mit den Kindern. Wird ihr das nicht manchmal doch zu anstrengend? Edith lächelt verschmitzt. »Nee, das macht mir doch Spaß«, sagt sie. Kinder hat sie einfach gern um sich, nur ganz selten ist es ihr mal zu laut. Erst um halb fünf packt sie ihre Tasche und geht zu Fuß nach Hause, in ihre Wohnung in Hamburg-Altona, von wo aus sie einen herrlichen Ausblick über die Dächer der Stadt hat.

Hier, direkt an der Elbe, ist sie aufgewachsen, hat geheiratet und zwei Kinder großgezogen – sie ist mit ihrem Stadtteil verwachsen, auch wenn sich mit den Jahren doch so einiges verändert hat. Langweilig ist es jedenfalls nie. Der größte Teil ihrer Familie wohnt hier, und am Wochenende treffen sie sich alle zum Fußballgucken im Haus ihrer Schwägerin. Und die lieben natürlich Ediths Waffeln, berühmt ist sie aber vor allem für ihren fruchtigen Kirschkuchen (siehe Seite 94), der nicht nur gut schmeckt, sondern auch als eine Art Überraschungsei fungiert: Je nach Anzahl der Gäste verteilt sie heimlich Kerne im Kuchen und jeder, der auf einen Kirschkern beißt, erhält ein kleines Geschenk. Auch die Erwachsenen? »Natürlich«, sagt Edith und lacht, »aber jeder nur eins!«

Waffeln

Das Waffelrezept ist ursprünglich von Edith Nissens Mutter – wenn Edith Waffeln bäckt, macht sie allerdings immer die dreifache Menge, damit jeder mindestens drei Stück essen kann. Dazu schmecken am besten Schattenmorellen und eine gute Portion geschlagene Sahne.

Für etwa 10 Stück
200 g weiche Butter, plus mehr zum Backen
150 g Zucker
1 Päckchen Vanillezucker
4 Eier, Größe M
350 g Mehl
½ Päckchen Backpulver
Puderzucker zum Bestäuben

Butter, Zucker und Vanillezucker mit den Rührstäben des Handrührgeräts schaumig schlagen. Die Eier einzeln unterrühren. Mehl und Backpulver in den Teig sieben, 150 ml Wasser dazugeben und untermengen. Ist der Teig noch zu fest, noch 50 ml Wasser dazugeben (hängt von der Größe der Eier ab). Das Waffeleisen aufheizen. Pro Waffel 1 Stückchen Butter darin schmelzen und etwa 2 EL Teig in die Mitte geben. Goldgelb backen. Wiederholen, bis der gesamte Teig verbraucht ist.

ZIMTWAFFELN Einfach 1 TL Zimt zum Teig geben.

Nussecken

Diese besonderen Nussecken von Antonie Fehling aus Westfalen sind eigentlich Nussquadrate – und sie werden statt aus Mürbeteig aus Rührteig gemacht. All ihre 13 Enkelkinder lieben dieses Gebäck, und so stellt sich die 90-Jährige Jahr für Jahr in der Vorweihnachtszeit in die Küche und bäckt so viele Bleche, dass jedes Enkelkind eine Dose voll davon bekommt.

Für etwa 15 große oder 30 kleine Nussecken

Rührteig:

130 g weiche Butter
130 g Zucker
2 Päckchen Vanillezucker
2 Eier
300 g Mehl
1 gestrichener TL Backpulver
5 EL Aprikosenkonfitüre

Belag:

150 g Butter
150 g Zucker
2 Päckchen Vanillezucker
150 g gehackte Haselnüsse
150 g gemahlene Mandeln
125 g dunkle Kuvertüre

Für den Teig die Butter, den Zucker und den Vanillezucker mit den Rührstäben des Handrührgeräts in einer Schüssel schaumig schlagen, die Eier einzeln dazugeben. Mehl und Backpulver über die Masse sieben und etwa 2 Minuten weiterrühren. Ein Backblech mit Backpapier auslegen und den Teig auf das Backpapier streichen. Die Aprikosenkonfitüre in einem Töpfchen etwas erwärmen und den Teig damit bepinseln.

Den Backofen auf 200 °C Ober-/Unterhitze vorheizen. Für den Belag die Butter mit dem Zucker, dem Vanillezucker und 3 EL Wasser in einen Topf geben und erhitzen. Wenn Butter und Zucker vollständig geschmolzen sind, die gehackten Haselnüsse und gemahlenen Mandeln hinzufügen. Alles gut mit einem Holzlöffel verrühren und vom Herd nehmen.

Die Nussmasse auf den Teig gießen. Mit dem flachen Messer oder einem Teigschaber gleichmäßig verteilen. Auf der zweiten Schiene von unten 20–30 Minuten backen. Herausnehmen und 15 Minuten abkühlen lassen. Die Nussplatte in Quadrate (oder Dreiecke) schneiden. Vollständig erkalten lassen. Die Kuvertüre schmelzen und die Nussecken in die Schokolade tauchen.

Leipziger Lerchen

Tatsächlich sollen diese kleinen, leckeren Gebäckteilchen nach den Vögeln benannt sein, die man in Sachsen früher so gerne als Delikatesse verspeiste – später wurde das verboten, und so dachte sich ein schlauer Konditor diesen süßen Ersatz aus.

Für 1 Muffinform mit 12 Mulden

Mürbeteig:

250 g Mehl
100 g Butter, plus mehr für die Form
65 g Zucker
3 Eigelb
1 Prise Salz

Füllung:

125 g weiche Butter
150 g Puderzucker
100 g gemahlene Mandeln
80 g Mehl, gesiebt
3 Eiweiß
6 TL Aprikosenkonfitüre

Für den Mürbeteig Mehl, Butter, Zucker, 3 Eigelbe und 1 Prise Salz in eine Schüssel geben und mit den Händen oder den Knethaken des Handrührgeräts zu einem Mürbeteig kneten. Eine Kugel formen und abgedeckt 30 Minuten in den Kühlschrank stellen.

Den Backofen auf 180 °C Ober-/Unterhitze vorheizen. Die Muffinform ausbuttern. Für die Füllung die weiche Butter mit den Rührstäben des Handrührgeräts cremig schlagen. Puderzucker, gemahlene Mandeln und Mehl hinzufügen. Die Eiweiße steif schlagen und unterheben.

Den Mürbeteig zwischen zwei Lagen Frischhaltefolie ca. 1 cm dick ausrollen. 12 Kreise (etwa 9 cm Ø) ausstechen und in die Mulden der Form legen. Die Böden mit je ½ TL Konfitüre bestreichen, die Füllung auf den Böden verteilen. Die Mürbeteigreste zusammenkneten, ausrollen und mit einem Teigrädchen in dünne Streifen teilen. Teigstreifen in 2 cm lange Stücke schneiden und kreuzweise auf die Füllung legen. Auf der mittleren Schiene in 20–30 Minuten goldbraun backen. Herausnehmen, 15 Minuten in der Form auskühlen lassen, dann die Lerchen auf einem Kuchengitter vollständig auskühlen lassen.

TIPP Im Sommer für eine fruchtige Füllung 50 g Johannisbeeren unter die Füllung heben.

Aus'zogne

Ohne Marmelade oder sonstigen Schnickschnack sehen Aus'zogne etwas blass aus. Dabei schmecken sie wunderbar lecker und saftig – vielleicht sind sie sogar die Vorläufer der amerikanischen Donuts, bei denen die Amerikaner irgendwann den dünnen Boden in der Mitte einfachheitshalber durch ein Loch ersetzten?

Für etwa 40 Stück
500 g Mehl
30 g frische Hefe
200 ml zimmerwarme Milch
70 g Zucker
80 g weiche Butter
2 Eier
1 Prise Salz
abgeriebene Schale von ½ Bio-Zitrone
etwa 1 kg Fett zum Ausbacken (z. B. Butterschmalz oder Kokosfett)
Zucker oder Puderzucker zum Bestreuen

Das Mehl in eine Schüssel sieben, eine Mulde hineindrücken. Hefe in die Mulde bröseln. 100 ml Milch und 1 Prise Zucker zur Hefe geben. Vorsichtig mit etwas Mehl vermischen. Vorteig zugedeckt an einem warmen Ort 20 Minuten gehen lassen.

Die restliche Milch (100 ml), die Butter, den restlichen Zucker, die Eier, das Salz und die Zitronenschale zum Vorteig geben. Mit den Knethaken des Handrührgeräts und den Händen so lange kneten, bis kein Teig mehr an den Fingern kleben bleibt. Das dauert etwa 5 Minuten. Aus dem Teig eine Kugel formen und weitere 30 Minuten abgedeckt gehen lassen, bis sich das Volumen fast verdoppelt hat.

Mit einem Esslöffel vom Teig Kugeln abstechen, mit dem Daumen ein Loch in die Mitte drücken und die Ränder auseinanderziehen, sodass in der Mitte eine hauchdünne Fläche entsteht. Die Aus'zognen auf eine bemehlte Fläche legen und noch einmal 20 Minuten unter einem Küchentuch gehen lassen.

Das Fett in einem großen Topf oder der Fritteuse auf 180 °C erhitzen. Wenn man den Stiel eines Holzlöffels in das Fett eintaucht und Bläschen aufsteigen, ist die richtige Temperatur erreicht. Die Gebäckstücke nacheinander mit der Unterseite nach oben in das heiße Fett legen. Mit einer Kelle Fett darüberschöpfen. Wenn sie zu bräunen beginnen, schnell umdrehen. In die helle Mulde kein Fett gießen! Die Aus'zognen auf Küchenpapier abtropfen lassen, noch heiß mit Zucker oder Puderzucker bestreuen und sofort servieren.

Rosinenschnecken

Rosinenschnecken habe ich schon als Kind geliebt! Wenn ich sie heute backe, nehme ich mir immer gleich eine Schnecke warm vom Blech – und dazu gehört für mich, genau wie früher, unbedingt ein großer Becher Kakao. Linn

Für 16–18 Stück

320 g Mehl
1 Päckchen Backpulver
75 g Zucker
1 Päckchen Vanillezucker
1 Prise Salz
1 Ei, Größe M
150 g Quark (20% Fett)
130 g weiche Butter
5 EL Milch
100 g Marzipanrohmasse
100 g Rosinen
200 g Puderzucker
4 EL Zitronensaft

Das Mehl mit dem Backpulver vermischen und in eine Rührschüssel sieben. Zucker, Vanillezucker, Salz, Ei, Quark, 100 g Butter und Milch dazugeben. Mit den Knethaken des Handrührgeräts zu einem glatten Teig verarbeiten. Den Teig zu einem Rechteck von Backblechgröße ausrollen. Den Backofen auf 180 °C Ober-/Unterhitze vorheizen. Ein Backblech mit Backpapier auslegen.

Für die Füllung die restliche Butter (30 g) zerlassen und mit dem Marzipan verrühren, bis die Masse ganz glatt ist. Den Teig damit bestreichen. Die Rosinen auf der Füllung verteilen. Den Teig von der Längsseite her aufrollen und in 15 mm dicke Schnecken schneiden. Auf das Backpapier legen und etwas platt drücken. Auf der mittleren Schiene in 15–20 Minuten hellbraun backen. Herausnehmen und auf einem Kuchengitter auskühlen lassen. Puderzucker und Zitronensaft zu einem glatten Guss verrühren und die Schnecken damit bepinseln.

PUDDINGSCHNECKEN Dazu die Marzipanfüllung durch Vanillepudding ersetzen: 2 Päckchen Vanillepuddingpulver, 750 ml Milch und 80 g Zucker nach Packungsanweisung zubereiten. Die Vanilleschnecken werden nicht mit Zuckerguss bestrichen, sondern mit 5 EL erwärmter und glatt gerührter Aprikosenkonfitüre.

Weihnachtsbäckerei

Vanillekipferl

Die köstlichen kleinen Hörnchen habe ich als Kind sogar noch heißer geliebt als meine selbst verzierten Weihnachtsplätzchen. Sie werden nur mit Eigelb gebacken. Und was macht man mit dem Eiweiß? Zimtsterne! (Rezept siehe Seite 144) Linn

Für etwa 60–70 Stück
250 g Mehl
120 g Zucker
2 Päckchen Vanillezucker
1 Prise Salz
125 g gemahlene Mandeln
3 Eigelb
150 g kalte Butter, in Stückchen
2–3 EL Puderzucker

Das Mehl, den Zucker, 1 Päckchen Vanillezucker, das Salz und die Mandeln in einer Schüssel vermischen. Eigelbe und Butterstückchen dazugeben und alles mit den Händen zu einem glatten Teig verkneten. Zu einer Kugel formen, in Frischhaltefolie wickeln und etwa 1 Stunde in den Kühlschrank legen.

Den Backofen auf 180 °C Ober-/Unterhitze vorheizen. Ein Backblech mit Backpapier auslegen. Aus dem Teig daumendicke Rollen formen und diese in 5 cm lange Stücke teilen. Kurz zwischen den Händen drehen, sodass die Enden spitz zulaufen, auf das Backpapier legen und zu Hörnchen legen. Auf der mittleren Schiene 10–12 Minuten backen, bis die Spitzen leicht gebräunt sind.

Den Puderzucker auf einem Teller mit 1 Päckchen Vanillezucker mischen. Die Vanillekipferl aus dem Ofen nehmen und sofort im Zucker wälzen. Auskühlen lassen.

Rezeptfoto siehe Seite 122/123

SCHOKOKIPFERL 2 EL Kakao zum Teig geben und für die richtige Konsistenz eventuell 1–2 EL Milch. Den Puderzucker zum Wälzen ebenfalls mit etwas Kakao anstelle des Vanillezuckers mischen.

Makronen

Außen zart knusprig, innen weich – genau so müssen feine Makronen sein. Nur welche Sorte? Für Birgit gehören unbedingt Kokosmakronen auf den Plätzchenteller, ich liebe die mit Haselnüssen. Also gibt es jetzt einfach beide. Das ist sowieso noch besser, und die Rezepte sind fast identisch! Linn

Für 36 Stück
4 Eiweiß
200 g Puderzucker
300 g gemahlene Haselnüsse oder 200 g getrocknete Kokosraspel
36 Oblaten (5 mm Ø)
36 Haselnusskerne zum Verzieren der Haselnussmakronen

Die Eiweiße mit den Rührstäben des Handrührgeräts sehr steif schlagen. Den Puderzucker sieben und unterheben, anschließend die gemahlenen Haselnüsse oder die Kokosraspel unterheben. Den Backofen auf 160 °C Ober-/Unterhitze vorheizen. Ein Backblech mit Backpapier belegen und die Oblaten darauflegen. Je 1 gehäuften TL Makronenmasse auf jede Oblate setzen. Die Haselnussmakronen mit einem Haselnusskern krönen, die Kokosmakronen mit zwei Teelöffeln zu spitz zulaufenden Häufchen formen. Auf der zweiten Schiene von unten die Kokosmakronen etwa 12 Minuten, die Haselnussmakronen etwa 15 Minuten backen.

Rezeptfoto siehe Seite 122/123

TIPP Man kann beide Sorten in einem Arbeitsgang backen. Dazu die Eiweiß-Puderzucker-Masse halbieren, die eine mit 150 g gemahlenen Haselnüssen und die andere mit 100 g Kokosraspel vermengen. Da die Kokosmakronen etwas schneller fertig sind, auf getrennten Blechen backen!

Spekulatius

Unsere Großmütter und Urgroßmütter haben oft für eine Großfamilie gebacken. Die alten Rezepte sind deshalb oft sehr großzügig bemessen. Das großartige Spekulatiusrezept habe ich deshalb von der Menge her deutlich reduziert – schließlich wollen an Weihnachten auch noch ein paar andere Sorten mit auf den Plätzchenteller. Linn

Für etwa 35 Stück

250 g Mehl, plus mehr für Arbeitsfläche und Model

100 g ungeschälte Mandelkerne, gemahlen

120 g Zucker

1 Prise Salz

2 Messerspitzen gemahlener Kardamom

1 Messerspitze gemahlene Muskatnuss

2 Messerspitzen gemahlene Gewürznelke

2 TL gemahlener Zimt

½ TL Kakao

125 g kalte Butter, in Stückchen

1 Ei, Größe M

Mehl, gemahlene Mandeln, Zucker, Salz, Gewürze und Kakao in einer Schüssel vermengen. Die kalte Butter in Stücken und das Ei dazugeben. Mit den Knethaken des Handrührgeräts und mit den Händen zu einem Mürbeteig verkneten. Den Teig zu einer Kugel formen, in Frischhaltefolie wickeln und mindestens 30 Minuten in den Kühlschrank legen.

Den Backofen auf 180 °C Ober-/Unterhitze vorheizen. Ein Backblech mit Backpapier auslegen. Den Teig auf einer leicht bemehlten Arbeitsfläche etwa 3mm dick ausrollen. Den bemehlten Holzmodel (siehe auch Seite 141, Springerle) in den Teig drücken und die Formen mit dem Messer ausschneiden. Spekulatius auf das Backpapier legen. Auf der mittleren Schiene in 10–15 Minuten leicht braun backen.

TIPP Sie brauchen nicht unbedingt einen Model zum Ausstechen, sondern können auch ganz normale Plätzchenformen nehmen.

Früchtebrot

Manches Früchtebrot ist hell und enthält nur wenig Trockenobst. Dadurch sieht es vielleicht freundlicher aus als unser etwas düster wirkender Geselle in diesem Rezept. Aber dafür ist der geschmacklich kaum zu überbieten. Das Rezept stammt von der Großtante meiner Freundin Brigitte, die in der Nähe von Salzburg lebt. Es ist eine Variante des österreichischen Kletzenbrots. Birgit

Für 1 Kastenform, 30 cm

125 g getrocknete Pflaumen
125 g getrocknete Aprikosen
200 g Rosinen
6 EL Obstbrand
Butter für die Form
2 EL kernige Haferflocken
3 Eier, Größe M
125 g Zucker
50 g feine Haferflocken
80 g Weizenmehl
1 TL Backpulver
100 g Haselnusskerne
100 g Mandelkerne

Die Pflaumen und die Aprikosen klein schneiden, mit den Rosinen über Nacht in Obstbrand einweichen.

Am nächsten Tag den Backofen auf 180 °C Ober-/Unterhitze vorheizen. Die Kastenform ausbuttern und mit den kernigen Haferflocken ausstreuen. Die Eier mit dem Zucker in einer großen Schüssel schaumig rühren. Haferflocken, Mehl und Backpulver vermischen und unterrühren. Haselnusskerne, Mandelkerne und Trockenfrüchte unterheben.

Die Masse in die Kastenform füllen und glatt streichen. Auf der mittleren Schiene etwa 90 Minuten backen. In der letzten halben Stunde eventuell auf Unterhitze schalten oder Oberfläche mit Alufolie abdecken, damit sie nicht zu dunkel wird. Aus dem Ofen nehmen und erst nach 10–15 Minuten Ruhezeit aus der Form stürzen.

FRÜCHTEBROT MIT RUM UND FEIGEN Statt mit Obstbrand können die Trockenfrüchte auch in der gleichen Menge Rum eingeweicht werden. Wer mag, ersetzt die Hälfte der Rosinen durch klein geschnittene Trockenfeigen.

TIPP Mit etwas kühler Butter bestrichen zu einer Tasse starkem Tee servieren. Wer keinen Alkohol verwenden mag, nimmt einfach Wasser oder Apfelsaft zum Einweichen. Das Früchtebrot lässt sich wochenlang aufbewahren, wenn man es, gut ausgekühlt, fest in Alufolie verpackt.

Weckmänner

Diese lockeren Hefeteig-Burschen gab es bei uns jedes Jahr am 11. November. An diesem Abend gingen alle Kinder zum Sankt-Martins-Umzug. In der einen Hand ihre aus Käseschachteln und bemaltem Butterbrotpapier selbst gebastelten Laternen, in der anderen Hand je einen Weckmann als Wegzehrung. Wir sangen »Latääärne, Latääärne« und versuchten, nicht zu sehr zu wackeln, damit die Laterne auch bis zum Schluss leuchtete, statt unterwegs in Flammen aufzugehen. Was ab und zu auch gelang. Wenn nicht, hatte man als Trost ja noch den Weckmann. Birgit

Für 10–12 Weckmänner

500 g Mehl, plus mehr für die Arbeitsfläche
1 Päckchen Trockenhefe
100 g Zucker
90 g weiche Butter
250 ml Milch
1 Eigelb
Rosinen und Nusskerne zum Verzieren

Für den Teig Mehl mit Trockenhefe und Zucker in einer Schüssel vermengen. Butter und Milch dazugeben, mit den Knethaken des Handrührgeräts und anschließend mit bemehlten Händen so lange kneten, bis er nicht mehr an den Händen klebt und ganz glatt ist. Abgedeckt an einem warmen Ort 45 Minuten gehen lassen, bis sich das Volumen fast verdoppelt hat.

Den Backofen auf 180 °C Ober-/Unterhitze vorheizen. Ein Backblech mit Backpapier auslegen. Den Teig auf einer bemehlten Arbeitsfläche etwa 1 cm dick ausrollen. Mit einem Messer oder einer Form Männchen (oder andere Formen) ausschneiden oder ausstechen. Eventuell dafür vorher eine Schablone auf Backpapier malen, ausschneiden und auf den Teig legen und darum herumschneiden.

Das Eigelb verquirlen. Die Weckmänner auf das Backpapier legen, mit dem Eigelb bestreichen. Mit Rosinen und Nusskernen verzieren. Auf mittlerer Schiene in 20–25 Minuten goldgelb backen. Herausnehmen und auskühlen lassen.

TIPP Für Rosinenbrötchen in den Teig 100 g Rosinen einkneten, wie oben beschrieben gehen lassen, 10 Brötchen formen, mit Eigelb bestreichen, weitere 15–20 Minuten gehen lassen und wie beschrieben backen.

Napoleonhüte

Ende des 18. Jahrhunderts eroberten Napoleons Truppen große Teile des linksrheinischen Gebiets. Aus dieser Zeit haben sich dort bis heute viele französische Einsprengsel in der Sprache gehalten – aber nicht nur dort! Auch das Rezept für die mürben Plätzchen, die optisch an den Dreispitz der französischen Soldaten erinnern, hat hier seinen Ursprung. Birgit

Für etwa 70 Stück

125 g weiche Butter
100 g Zucker
1 Päckchen Vanillezucker
2 Eigelb
250 g Mehl
1 Messerspitze Backpulver
1 Prise Salz
1 Ei
75 g gemahlene Haselnüsse

Butter, 80 g Zucker und Vanillezucker mit den Rührstäben des Handrührgeräts schaumig schlagen. Die Eigelbe unterrühren. Mehl mit Backpulver und Salz mischen, unter den Teig heben. Den Teig zu einer Kugel formen, in Frischhaltefolie wickeln und mindestens 1 Stunde in den Kühlschrank legen.

Backofen auf 200 °C Ober-/Unterhitze vorheizen. Backblech mit Backpapier auslegen. Ei trennen. Eiweiß steif schlagen, dabei restlichen Zucker (2 EL) einrieseln lassen. Gemahlene Haselnüsse unterheben. Eigelb verquirlen.

Den Teig zwischen zwei Lagen Frischhaltefolie 5 mm dick ausrollen. Kreise von 5 cm Ø ausstechen. Je 1 TL Haselnussmasse daraufsetzen. Den Teig mit Daumen, Zeige- und Mittelfinger so um die Füllung drücken, dass ein dreieckiger »Napoleonhut« entsteht. Auf das Backpapier setzen, mit verquirltem Eigelb bepinseln und auf der mittleren Schiene etwa 12 Minuten backen. Herausnehmen, auskühlen lassen und in eine Blechdose füllen.

TIPP Die Napoleonhüte schmecken erst richtig gut, wenn sie ein wenig weich geworden sind. Dafür müssen sie mindestens 1 Woche in einer gut schließenden Dose lagern.

Schmalznüsse

Mein Opa war Seemann und ging als 15-Jähriger aus seinem Heimatdorf Hetlingen fort, um als Schiffsjunge zu arbeiten. Das ganze Jahr war das Schiff auf der Ostsee unterwegs, auch an Weihnachten. Meine Uroma schickte ihm dann die Schmalznüsse zu dem Hafen, in dem das Schiff um den 24. Dezember anlegte – einmal bis nach Schweden. Ihr Rezept wird immer noch jedes Jahr zu Weihnachten gebacken. Linn

Für etwa 70 Stück
400 g Mehl
250 g Schweineschmalz
280 g Zucker
Mark von 1 Vanilleschote
1 gestrichener TL Hirschhornsalz
2 TL Kakao

Das Mehl in eine Schüssel sieben. Schmalz, 250 g Zucker, Vanillemark und Hirschhornsalz dazugeben. Mit den Knethaken des Handrührgeräts oder den Händen zu einem geschmeidigen Teig kneten. Eine Kugel formen und halbieren. Unter die eine Hälfte den Kakao und den restlichen Zucker (2 EL) kneten. Wird der Teig zu trocken, 1 EL Wasser hinzufügen. Beide Teighälften zur Kugel rollen, in Frischhaltefolie wickeln und etwa 1 Stunde kühlen.

Den Backofen auf 180 °C Ober-/Unterhitze vorheizen. Ein Backblech mit Backpapier auslegen. Beide Teigkugeln zur Rolle formen. In 1 cm dicke Scheiben schneiden, zwischen den Händen zu kleinen Kugeln rollen, auf das Backpapier setzen und etwas flach drücken. Auf der mittleren Schiene etwa 20 Minuten backen.

TIPP Das Originalrezept wird durch das Schweineschmalz besonders mürbe. Vegetarier ersetzen es durch Butterschmalz.

Haferhütchen

Schon als Teenager liebte ich die Haferhütchen meiner Großtante Luise. Das war gegen Ende der vollkornbegeisterten 1970er-Jahre. Dann wurde es zwei Jahrzehnte lang still um die kernigen Plätzchen. Zu rustikal erschienen sie nun. Doch heute kommen sie wieder zu Ehren auf dem Weihnachtsteller. Kerngesund, knusprig, ohne Zucker – und auch ohne Schlaghosen ein Genuss. Birgit

Für etwa 40 Stück

125 g getrocknete Pflaumen
125 g getrocknete Aprikosen
100 g Mandelblättchen
50 g Rosinen
200 g kernige Haferflocken
1 TL gemahlene Vanille (oder 1 Päckchen Vanillezucker)
2 Eier, Größe M
100 g weiche Butter

Die Pflaumen und die Aprikosen klein schneiden. Mit allen übrigen Zutaten in eine Schüssel geben und alles gut verrühren. Den Backofen auf 180 °C Ober-/Unterhitze vorheizen. Ein Backblech mit Backpapier auslegen. Aus der Masse mit den Händen 40 kegelförmige Hütchen formen und auf das Backpapier setzen. Auf der mittleren Schiene im Ofen 15–20 Minuten backen, bis die Hütchen gebräunt sind. Auf dem Blech auskühlen lassen und lagenweise zwischen Butterbrotpapier in eine Blechdose packen.

TIPP Wer die Haferhütchen etwas weniger rustikal mag, nimmt statt der kernigen Haferflocken einfach feine.

Herta Bachofner aus Bayern

Köstliches Geheimnis

Wenn man das Haus von Herta Bachofner betritt, kann es passieren, dass von irgendwo her seltsame Laute durchs Wohnzimmer dringen. Für Freunde und Bekannte kein Grund, sich zu wundern. Die wissen gleich Bescheid: Herta übt wieder mal Chinesisch. Und zwar mithilfe einer Übungs-CD, nach der sie die vorgesprochenen Sätze wiederholt. »Man

muss ein Gefühl für den Singsang bekommen«, sagt sie und erklärt: »Mama bedeutet zum Beispiel Mama, genau wie bei uns – aber wenn man es tief ausspricht, dann bedeutet es Pferd.« Sie ist keine Anfängerin, sondern kann es schon ganz gut. Immerhin lernt sie ja seit fünf Jahren Chinesisch. Vor kurzem hat sie einige Wochen in China verbracht, da konnte sie ihre Kenntnisse auch praktisch anwenden.

Bayerische Hausmannskost kommt bei ihr häufig, aber nicht ausschließlich auf den Tisch. Herta ist auch beim Kochen und Backen kreativ, probiert gern Neues aus und gibt manchem mit einem eigenen kleinen Trick erst den ganz besonderen Wohlgeschmack. Zum Beispiel brüht sie ihren Kaffee ganz traditionell von Hand auf, nimmt aber Espressobohnen dafür: schmeckt super. Kein Wunder, dass das alte Familienrezept für »Spitzbuben« eines ihrer Lieblings-Plätzchenrezepte ist. »Da ist nämlich auch eine ›geheime‹ Zutat drin«, freut sich Herta.

Spitzbuben

Diese mürben Weihnachtsplätzchen aus Bayern sind bekannt und beliebt. Aber die Spitzbuben, die Herta Bachofner nach einem alten Familienrezept zu Weihnachten bäckt, schmecken geradezu überirdisch gut – dank einer geheimen Zutat. Wir haben Herta zu Hause am Starnberger See besucht und gemeinsam in ihrer gemütlichen Küche Spitzbuben gebacken. Dabei hat sie uns das Geheimnis des sensationellen Geschmacks verraten. Was uns natürlich sehr freut!

Für etwa 45 Stück

100 g Zucker
200 g Butter
3 Eigelb (oder 2 ganze Eier)
300 g Mehl
100 g Kastanienmehl (Bioladen, ital. Spezialitätengeschäft)
3 EL gemahlene Haselnüsse
Saft und abgeriebene Schale von ½ Bio-Zitrone
1 Päckchen Vanillezucker
Johannisbeergelee und/oder Erdbeerkonfitüre zum Füllen
Zitronensaft zum Glattrühren
Puderzucker zum Bestäuben (nach Belieben)

Zucker und Butter mit den Rührstäben des Handrührgeräts schaumig rühren. Eigelbe oder Eier unterrühren. Mehl, Kastanienmehl, Haselnüsse, Zitronensaft, Zitronenschale und Vanillezucker dazugeben und alles zu einem glatten Teig verarbeiten. Eine Kugel formen und in Folie gewickelt 2 Stunden kühlen.

Backofen auf 180 °C Ober-/Unterhitze vorheizen. Ein Backblech mit Backpapier auslegen. Den Teig in zwei Hälften teilen. Eine Hälfte auf leicht bemehlter Fläche ausrollen. Mit einem runden Ausstecher (5 cm Ø) etwa 45 Kreise ausstechen. Auf das Backpapier legen und auf der mittleren Schiene etwa 7 Minuten backen. Herausnehmen und auskühlen lassen.

Die zweite Teighälfte ausrollen, wieder 45 Kreise ausstechen. Die Mitte jedes Kreises mit einem kleinen Ausstecher (2,5 cm Ø) ausstechen, sodass ein Ring entsteht. Die Ringe und die ausgestochenen Teigstückchen auf Backpapier legen. Auf der mittleren Schiene etwa 7 Minuten backen. Herausnehmen und auskühlen lassen.

Gelee oder Konfitüre in eine Schale füllen und mit einigen Spritzern Zitronensaft glatt rühren. Die Ringe dick mit Puderzucker bestäuben. Die Kreise mit der Konfitüre bestreichen, die Ringe vorsichtig daraufsetzen. Falls Ringe übrig bleiben, einfach je 2 Ringe mit Konfitüre zusammenkleben. Nach Belieben mit Puderzucker bestäuben.

PRALINCHEN Aus den übrig gebliebenen Minikreisen macht Herta köstliche kleine »Pralinchen«: 50 g Marzipanrohmasse ausrollen und in der gleichen Dicke und Größe wie die Kreise (2,5 cm Ø) ausstechen. Eine Tafel Vollmilch- oder Zartbitterschokolade im Wasserbad schmelzen. Je 2 Kekse mit einem Marzipankreis zusammenkleben, halb in die geschmolzene Schokolade tauchen und auf einem Kuchengitter oder Backpapier aushärten lassen.

TIPP Das Kastanienmehl gibt den Spitzbuben einen unvergleichlich nussigrunden Geschmack. Man kann es aber durch die gleiche Menge normales Mehl ersetzen.

Springerle

Für den schwäbischen Teil meiner Familie ist ein Weihnachten ohne Springerle unvorstellbar. Jedes Jahr werden sie in einer langwierigen Prozedur nach einem alten Familienrezept gebacken. Ich war zuerst skeptisch, denn das erste Mal, als ich in so ein Plätzchen hineinbiss, war es einfach nur steinhart. Aber ungeduldig darf man eben nicht sein, wenn man Springerle bäckt. Sie müssen mindestens 2 Wochen in einer Blechdose in einem nicht zu trockenem Raum und am besten zusammen mit einem Apfel lagern, damit sie weich werden. Linn

Für etwa 15–40 Stück (je nach Größe des Models)

2 Eier, Größe M
250 g Puderzucker
1 Messerspitze Hirschhornsalz
1 EL Anissamen
250 g Mehl, plus mehr für die Form

Die Eier mit den Rührbesen des Handrührgeräts schaumig schlagen, den Puderzucker nach und nach hinzufügen, bis eine cremige Masse entsteht. Hirschhornsalz und Anissamen hinzufügen. So viel Mehl einrieseln lassen, dass ein dicker Brei entsteht. Das restliche Mehl mit den Händen einkneten. Eine Kugel formen und in Frischhaltefolie etwa 2 Stunden im Kühlschrank ruhen lassen.

Ein Backblech mit Backpapier auslegen. Den Teig nochmals durchkneten, anschließend zwischen zwei Lagen Backpapier oder Klarsichtfolie etwa 1 cm dick ausrollen. Den Model (siehe Tipp) mit Mehl bestäuben und in den Teig drücken. Überschüssigen Teig am Rand abschneiden und eventuell die Springerle auseinanderschneiden (siehe Tipp). Die Plätzchen auf das Backpapier legen. Den Vorgang wiederholen, bis der gesamte Teig verbraucht ist. Die Springerle abgedeckt 24 Stunden bei Zimmertemperatur trocknen lassen.

Am nächsten Tag den Backofen auf 150 °C Ober-/Unterhitze vorheizen und die Springerle auf der mittleren Schiene 20–25 Minuten backen. Die Oberfläche darf nicht braun werden! Herausnehmen, auskühlen lassen und in eine Blechdose füllen.

TIPP Die typische Form für Springerle heißt Model. Der klassische Model ist rechteckig und aus Birnenholz. (Es gibt allerdings auch Model aus Metall oder sogar Keramik.) Beliebt sind Holzmodel mit mehreren Motiven – da müssen die einzelnen Springerle dann auseinandergeschnitten werden. Wer keinen Model besitzt, kann den Teig in Quadrate oder Rechtecke schneiden und kleine Keksausstecher leicht hineindrücken, sodass ein Muster entsteht.

Elisenlebkuchen

Was wäre Weihnachten ohne Lebkuchen? Eben! Die Elisenlebkuchen sind besonders fein, weil sie ohne Mehl gebacken werden und im Wesentlichen aus Nüssen, Gewürzen und Zucker bestehen. Und je besser die Qualität der Zutaten, umso leckerer wird das Ergebnis. Linn

Für etwa 15 Stück
2 Eier, Größe M
200 g Zucker
1 gestrichener EL gemahlener Zimt
½ gestrichener TL gemahlene Gewürznelke
125 g gemahlene Mandeln
100 g gemahlene Haselnüsse
abgeriebene Schale von 1 Bio-Orange
30 g Orangeat
30 g Zitronat
etwa 15 Oblaten, 9 cm Ø
150 g Puderzucker oder 125 g Kuvertüre (nach Belieben)

Die Eier schaumig schlagen, den Zucker nach und nach einrieseln lassen. Weiterschlagen, bis eine cremige Masse entstanden ist. Die Gewürze, die gemahlenen Mandeln und Haselnüsse, die Orangenschale, das Orangeat und das Zitronat unterrühren. Den Teig 24 Stunden abgedeckt in der Schüssel trocknen lassen.

Den Backofen auf 160 °C Ober-/Unterhitze vorheizen. Ein Backblech mit Backpapier auslegen. Die Oblaten auf das Backpapier legen, jeweils 1 EL Teig flach daraufdrücken. Die Lebkuchen 20–25 Minuten auf der mittleren Schiene backen. Herausnehmen und auskühlen lassen. Für einen Zuckerguss nach Belieben den Puderzucker mit 3–4 EL Wasser verrühren und auf die Lebkuchen streichen. Für einen Schokoguss die Kuvertüre schmelzen und die Lebkuchen damit überziehen.

TIPP Der Teig kann auch ohne Trocknen weiterverarbeitet werden, dann schmecken die Lebkuchen zwar genauso gut, laufen aber beim Backen sehr auseinander.

Zimtsterne

Da man für Zimtsterne drei Eiweiße, für Vanillekipferl hingegen drei Eigelbe benötigt, gibt es diese beiden Plätzchen in unserer Familie immer im Doppelpack. Den Teig kann man übrigens auch nur mit gemahlenen Mandeln oder nur mit gemahlenen Haselnüssen zubereiten. Linn

Für 50–60 Stück
3 Eiweiß
250 g Puderzucker, gesiebt
200 g gemahlene Haselnüsse
100 g gemahlene Mandeln
1 TL gemahlener Zimt

Die Eiweiße steif schlagen, dabei nach und nach den gesiebten Puderzucker einrieseln lassen. 3 gehäufte EL vom Eiweiß abnehmen und zur Seite stellen, damit werden die Sterne später bestrichen. Die gemahlenen Haselnüsse, Mandeln und Zimt unter das Eiweiß heben. (Die Masse sollte nicht mehr kleben, eventuell noch Nüsse oder Mandeln dazugeben.) Den Backofen auf 130 °C Ober-/Unterhitze vorheizen.

Ein Backblech mit Backpapier auslegen. Den Teig zwischen zwei Lagen Backpapier 5 mm dick ausrollen. Sterne ausstechen und auf das Backpapier legen. Mit der Eiweißmasse bestreichen. Das geht am besten mit der Unterseite eines Teelöffels oder mit einem Silikonpinsel. Auf der zweiten Schiene von unten 15–20 Minuten backen, die weiße Glasur sollte nicht bräunen. Herausnehmen und auskühlen lassen.

Rumkugeln

Ohne Rumkugeln wäre die Weihnachtszeit nur halb so schön. Diese hier sind klein, fein und nach einem alten Rezept meiner Patentante Emilie zubereitet. Sie macht immer zwei Varianten – mit und ohne Rosinen. Beide zergehen auf der Zunge. Birgit

Für etwa 70 Stück
350 g Zartbitterschokolade
100 g weiche Butter
100 g Puderzucker
1 Päckchen Vanillezucker
3–4 EL Rum (oder Whisky, nach Geschmack)

Die Schokolade fein reiben. Die Butter in einer Schüssel mit den Rührstäben des Handrührgeräts schaumig rühren. Nach und nach den Puderzucker, den Vanillezucker, 300 g der geriebenen Schokolade und den Rum oder Whisky unterrühren. Die Masse kalt stellen, bis sie fest wird. Das dauert etwa 2 Stunden. Von der festen Masse mit einem Teelöffel kleine Nocken abstechen und mit den Händen rasch kleine Kugeln formen, in der restlichen geriebenen Schokolade wälzen. Bis zum Verzehren kühl aufbewahren.

ROSINEN-RUMKUGELN 100 g Rosinen über Nacht in etwas Rum einweichen. Unter die Masse rühren, für die dann nur 2 EL Rum ausreichen.

Weihnachtsstollen

Stollen? Mochte ich lange Zeit überhaupt nicht. Staubtrocken, mit jeder Menge Zitronat und womöglich auch noch mit Marzipan – nein danke, nichts für mich. Irgendwann, nach Jahrzehnten konsequenten Verschmähens, probierte ich dann bei Tante Emilie ein Stück von ihrem selbst gebackenen Stollen und der schmeckte einfach köstlich! Saftig, nicht zu viele kandierte Zitrusfrüchte, kein Marzipan. Ein richtiger Stollen – aber einer, der auch denen schmeckt, die normalerweise dankend ablehnen. Birgit

Für 1 großen Stollen

250 g Rosinen
200 g Korinthen
100 ml Rum
500 g Mehl, plus mehr für die Arbeitsfläche
1 Päckchen Backpulver
100 g Zucker
1 Päckchen Vanillezucker
1 Prise Salz
je 1 Prise gemahlene Muskatnuss und Gewürznelke
je 1 Prise gemahlener Zimt und Kardamom
2 Eier, Größe M
200 g weiche Butter
150 g Quark (20% Fettgehalt)
200 g gemahlene Mandeln
je 100 g Zitronat und Orangeat
100 g Butter, zerlassen, zum Bestreichen
100 g Puderzucker

Rosinen und Korinthen über Nacht in Rum einweichen. Ein Backblech mit Backpapier auslegen. Den Backofen auf 200 °C Ober-/Unterhitze vorheizen. Mehl und Backpulver in einer großen Schüssel mischen. Zucker, Vanillezucker, Salz, Gewürze, Eier, Butter und Quark dazugeben. Mit den Knethaken des Handrührgeräts gut miteinander vermengen. Den Teig auf die leicht bemehlte Arbeitsfläche geben, die eingeweichten Rosinen und Korinthen, die gemahlenen Mandeln, das Zitronat und das Orangeat einarbeiten. Zu einem geschmeidigen Teig verkneten.

Den Teig auf etwa 30 x 30 cm Größe ausrollen. Aufrollen und mit dem Nudelholz längs in der Mitte bis fast zur Arbeitsfläche durchdrücken. Die eine Hälfte des Teigs leicht versetzt über die andere Hälfte klappen. Mit den Händen den Stollen glätten und formen – eine Seite sollte etwas höher sein als die andere. Auf das Backblech legen. Die Backofentemperatur auf 160 °C Ober-/Unterhitze herunterschalten. Stollen auf der unteren Schiene etwa 60 Minuten backen, bis er leicht gebräunt ist.

Stollen aus dem Ofen nehmen und mit der Hälfte der zerlassenen Butter bepinseln und mit der Hälfte des Puderzuckers bestreuen. Vollständig auskühlen lassen. Mit der restlichen Butter bestreichen und mit dem restlichen Puderzucker bestäuben. Der Stollen bleibt, in Alufolie gewickelt und kühl gelagert, etwa 4 Wochen frisch.

Lebkuchenherzen

Das Tollste an diesen Herzen: Wenn man vor dem Backen ein Loch hineinsticht, kann man sie bunt verziert am Weihnachtsbaum aufhängen. Und dann eins nach dem anderen wegnaschen!

Für 40–50 Stück
200 ml flüssiger Honig
150 g Zucker
50 g Butter
1 TL Pottasche
1 EL Rosenwasser (nach Belieben)
500 g Mehl, plus mehr für die Arbeitsfläche
2 EL Lebkuchengewürz
abgeriebene Schale von ½ Bio-Zitrone
2 Eier

Honig, Zucker und Butter in einen Topf geben und bei geringer Hitze schmelzen, bis das Fett flüssig ist. Die Mischung 10 Minuten abkühlen lassen. Die Pottasche in 1 EL Wasser oder Rosenwasser auflösen. Mehl, Lebkuchengewürz, Zitronenschale, Eier und Pottasche in der Schüssel vermengen und die Honigmischung dazugeben. Alles mit den Knethaken des Handrührgeräts und anschließend mit den Händen zu einem glatten Teig verkneten. Die Teigschüssel mit einem feuchten Handtuch abdecken und in einem kühlen Raum 24 Stunden ruhen lassen.

Am nächsten Tag den Backofen auf 180 °C Ober-/Unterhitze vorheizen. Ein Backblech mit Backpapier auslegen. Den Teig in vier Portionen teilen, damit er sich besser kneten lässt. Zwischen zwei Lagen Backpapier oder auf einer mit etwas Mehl bestäubten Arbeitsfläche portionsweise 5 mm dick ausrollen. Herzen ausstechen und nach Belieben mit einem Holzstäbchen ein Loch hineinpiksen. Auf der mittleren Schiene im Ofen 15–20 Minuten backen. Herausnehmen und auskühlen lassen.

TIPP Aus 200 g Puderzucker und 1 Eiweiß einen sämigen Guss anrühren. Eventuell 1 EL Wasser hinzufügen, falls er zu zäh ist. Wer mag, färbt ihn mit einigen Tropfen Speisefarbe ein. Den Guss in eine Spritztülle füllen und die Lebkuchenherzen damit verzieren.

Brot & Herzhaftes aus dem Ofen

Tante Kettis schnelle Buttermilchbrötchen

Sie war immer einen Tick schneller und moderner: Mitte der 1960er-Jahre, trug Tante Ketti schon einen flotten Bob und machte Reisen an die amerikanische Ostküste. Alles was sie tat, wirkte leicht, schnell und elegant. Wir Kinder bewunderten sie deswegen. Und wir liebten ihre kleinen, selbst gebackenen Brötchen, die sie ohne Abwiegen in einer Viertelstunde aus dem Ärmel schüttelte. Die sahen gar nicht richtig aus wie Brötchen, aber sie schmeckten unvergleichlich knusprig und buttrig. Birgit

Für 12 Stück

300 g Mehl, plus mehr für die Arbeitsfläche
1 Päckchen Backpulver
½ TL Salz
1 EL Zucker
¼ TL Natron
60 g kalte Butter, in Stückchen
170 ml Buttermilch
1 Eigelb
1 EL Milch

Den Backofen auf 200 °C Ober-/Unterhitze vorheizen. Ein Backblech mit Backpapier auslegen. Mehl, Backpulver, Salz, Zucker und Natron in einer Schüssel vermischen. Die Butter hinzufügen und alles schnell mit den Fingern zu Streuseln formen. Eine Mulde in die Streusel drücken und die Buttermilch auf einmal hineinschütten. Mit einer Gabel nur so lange verrühren, bis alles locker verbunden ist.

Etwas Mehl auf die Arbeitsfläche streuen. Den Teig darauf mit den Handballen nur ein paarmal durchkneten und 2 cm dick ausrollen. Mit einem runden Ausstecher (7 cm Ø) 12 Kreise ausstechen, dabei möglichst gerade ausstechen, ohne Drehbewegung – so werden die Brötchen schön locker und gehen gut auf. Die Brötchen auf das Backpapier setzen. Eigelb und Milch miteinander verquirlen und die Oberfläche damit bestreichen. Auf der zweiten Schiene von unten 12–15 Minuten backen. Aus dem Ofen nehmen, etwas auskühlen lassen und mit Butter und Konfitüre oder Käse genießen.

Rezeptfoto siehe Seite 150

TIPP Den Teig auf keinen Fall zu lange kneten, er darf ruhig ein wenig »unordentlich« aussehen. Nur so bekommen die Brötchen ihre spezielle, feinknusprige Beschaffenheit, die ein klein wenig an Blätterteig erinnert. Man kann die Brötchen auch mit 150 ml Vollmilch statt 170 ml Buttermilch zubereiten. Dann das Natron durch die gleiche Menge Backpulver ersetzen.

Weizenlaib

Ein ganz einfaches Brot, das sowohl zu süßen Aufstrichen als auch zu salzigem Belag passt. Mir schmeckt es am besten mit mildem Käse oder würzigem Pflaumenmus. Linn

Für 1 Brot à 750 g

500 g Weizenmehl (Type 1050), plus mehr für Arbeitsfläche und zum Bestäuben
1 Päckchen Trockenhefe
2 EL Zucker
1 TL Salz
100 ml Milch
60 g weiche Butter

Das Mehl mit Hefe, Zucker und Salz in einer Schüssel vermengen. 150 ml Wasser und die Milch in einem Topf lauwarm erhitzen. Mit der Butter in die Schüssel geben. Mit den Knethaken des Handrührgeräts oder den Händen zu einem geschmeidigen Teig kneten. Abgedeckt an einem warmen Ort 45 Minuten gehen lassen, bis er sein Volumen verdoppelt hat.

Den Backofen auf 200 °C Ober-/Unterhitze vorheizen. Ein Backblech mit Backpapier auslegen. Den Teig auf einer bemehlten Arbeitsfläche nochmals durchkneten, zu einem runden Laib formen und auf das Backpapier legen. Mit lauwarmem Wasser einpinseln. Mit etwas Mehl bestäuben und dreimal diagonal einschneiden. Abgedeckt an einem warmen Ort weitere 20 Minuten gehen lassen.

Den Laib zusammen mit einer feuerfesten Schale Wasser auf der mittleren Schiene etwa 20 Minuten backen, dann die Backtemperatur auf 180 °C reduzieren und das Brot weitere 15–20 Minuten backen. Falls die Oberfläche zu dunkel wird, mit Alufolie oder Backpapier abdecken. Klopft man leicht an die Unterseite des Brots und es klingt hohl, ist das Brot gar. Herausnehmen und auf einem Kuchengitter auskühlen lassen.

Rezeptfoto siehe Seite 151

Milchhörnchen

Als Kind liebte ich die Bücher von Astrid Lindgren. Egal ob »Karlsson vom Dach«, »Wir Kinder aus Bullerbü« oder »Madita«. Und im schwedischen Bilderbuchland gibt es immer und zu jeder Tageszeit Wecken, Milchbrötchen oder Zimtschnecken, die zufällig auf dem Küchentisch stehen. So sollte man es auch mit den Milchhörnchen machen: Einfach so mitten am Tag backen und ganz ohne Kommentar auf den Tisch stellen. Keine Angst, die kommen weg! Linn

Für 8 Stück

250 g Mehl, plus mehr für die Arbeitsfläche
½ Würfel frische Hefe (20 g)
125 ml lauwarme Milch
30 g Zucker
40 g weiche Butter
¼ TL Salz
1 Eigelb

Das Mehl in eine Schüssel sieben, eine Mulde hineindrücken. Hefe in die Mulde bröseln. Die Milch und 1 Prise Zucker zur Hefe geben. Vorsichtig mit etwas Mehl vermischen. Vorteig zugedeckt an einem warmen Ort 20 Minuten gehen lassen.

Den restlichen Zucker, die Butter und das Salz zum Vorteig geben. Mit den Knethaken des Handrührgeräts und den Händen so lange kneten, bis kein Teig mehr an den Fingern kleben bleibt. Das dauert etwa 5 Minuten. Aus dem Teig eine Kugel formen und weitere 20 Minuten abgedeckt gehen lassen, bis sich das Volumen fast verdoppelt hat.

Den Backofen auf 180 °C Ober-/Unterhitze vorheizen. Ein Backblech mit Backpapier auslegen. Den Teig durchkneten und auf einer bemehlten Arbeitsfläche 1 cm dick ausrollen. In 8 Quadrate schneiden, die Quadrate einzeln noch einmal auf 5 mm Dicke ausrollen. Diese von einer Ecke aus zu Hörnchen rollen und zu Halbmonden biegen. Auf das Backpapier legen. Das Eigelb verquirlen. Die Hörnchen mit verquirltem Eigelb bestreichen und auf dem Blech weitere 15 Minuten gehen lassen. Auf der mittleren Schiene in 15–20 Minuten goldgelb backen. Herausnehmen und etwas auskühlen lassen.

TIPP Ganz schnell werden aus dem Teig auch Schinkenhörnchen. Dazu je 1 Scheibe Schinken auf jedes ausgerollte Teigstück geben, zusammen aufrollen und wie oben beschrieben backen.

Salziger Gugelhupf

Der »Gugelhupf Salé« ist wahrscheinlich eine Kreation Elsässer Winzer. Auf jeden Fall passt er zum Pinot Noir genauso gut wie zu einem Glas Riesling. Mein Vater, ein Verächter süßer Speisen, mochte diesen salzigen Gugelhupf sehr. Weil er dann am Kaffeetisch auch mal ein Stück »Kuchen« essen konnte, statt immer der Außenseiter mit dem Wurstbrot zu sein. Aber: »Tässchen Kaffee« dazu statt Wein?« Niemals! Birgit

Für 1 Gugelhupf-Form, 22 cm Ø

300 g Mehl
1 Würfel frische Hefe (42 g)
1 TL Zucker
300 g magerer Schinkenspeck
80 g Haselnusskerne
80 g weiche Butter, plus mehr für die Form
1 Prise Salz
1 Ei, Größe M

Das Mehl in eine Schüssel sieben, eine Mulde hineindrücken. Hefe in die Mulde bröseln. 100 ml lauwarmes Wasser und den Zucker zur Hefe geben. Vorsichtig mit etwas Mehl vermischen. Vorteig zugedeckt an einem warmen Ort 20 Minuten gehen lassen.

Den Schinkenspeck fein würfeln und in einer Pfanne glasig anbraten. Die Haselnusskerne hacken, 1 EL für die Form beiseitestellen. Schinkenspeck, Haselnusskerne, Butter, Salz und Ei zum Vorteig geben. Mit den Knethaken des Handrührgeräts und den Händen so lange kneten, bis kein Teig mehr an den Fingern kleben bleibt. Das dauert etwa 5 Minuten. Aus dem Teig eine Kugel formen und 1 Stunde abgedeckt gehen lassen, bis sich das Volumen fast verdoppelt hat.

Die Gugelhupf-Form ausbuttern und mit 1 EL gehackten Haselnusskernen ausstreuen. Den Teig noch einmal durchkneten, in die Form füllen und abgedeckt weitere 20 Minuten gehen lassen. Den Backofen auf 200 °C Ober-/Unterhitze vorheizen. Den Gugelhupf auf der mittleren Schiene im Ofen 30–40 Minuten backen. Auf ein Kuchengitter stürzen und die Form abnehmen. Kalt oder lauwarm servieren.

PIKANTER VEGETARISCHER GUGELHUPF Den Speck einfach durch rote Paprikastückchen ersetzen, die in wenig Öl angebraten werden. Wer mag, kann auch mit ein bisschen Chili würzen.

Rosinenbrot

Dezente Süße, kleine Freude, bescheidener Luxus: Das ist Rosinenbrot. Man braucht kein Samtsofa, keinen Pfeifkessel, kein Biedermeierporzellan und auch kein Rotkehlchen vor dem Fenster, um es zu genießen – aber es würde wirklich schön passen. Wir erhielten dieses alte Familienrezept von Ria Bockholt.

Für 1 Brot à 1 kg

800 g Mehl, plus mehr für die Arbeitsfläche
100 g Zucker, plus ½ TL für die Hefe
1 TL Salz
1 Würfel Hefe
5 EL Milch
100 g weiche Butter
400 ml Milch
200 g Rosinen

Mehl, Zucker und Salz in einer großen Schüssel mischen. Eine Mulde hineindrücken. Die Hefe hineinbröckeln, ½ TL Zucker und 5 EL Milch hinzufügen. Nach 5 Minuten alle Zutaten verrühren. Die weiche Butter hinzufügen und einarbeiten. Milch und 100 ml Wasser zum Teig gießen und untermengen. Zum Schluss die Rosinen hinzufügen und den Teig gut durchkneten. Zugedeckt an einem warmen Ort etwa 1 Stunde gehen lassen.

Den Backofen auf 200 °C Ober-/Unterhitze vorheizen. Ein Backblech mit Backpapier auslegen. Den Teig auf einer bemehlten Fläche noch einmal durchkneten und zu einem runden Laib formen. Auf ein mit Backpapier ausgelegtes Backblech setzen und die Oberfläche leicht mit Mehl bestäuben. Abgedeckt an einem warmen Ort noch einmal 30 Minuten gehen lassen.

Das Brot auf der unteren Schiene 50 Minuten backen, falls die Oberfläche zu dunkel wird, nach 30 Minuten mit Alufolie oder Backpapier abdecken. Klopft man leicht an die Unterseite des Brots und es klingt hohl, ist es gar. Herausnehmen und auf einem Kuchengitter auskühlen lassen.

TIPP Wer die Oberfläche glänzend mag, bestreicht sie nach der Hälfte der Backzeit mit verquirltem Eigelb. Das Rosinenbrot schmeckt mit kühler Salzbutter und Orangenmarmelade oder Pflaumenmus bestrichen besonders gut.

Peterling

Was dem Rheinhessen sein Zwiebelkuchen, ist dem Baden-Württemberger sein Peterling. Beide Rezepte passen wunderbar zum Wein und wurden von weinseligen Freundesrunden mehrfach auf ihre Partytauglichkeit geprüft. Birgit

Für 1 Backblech

400 g Mehl, plus mehr für die Arbeitsfläche
1 Würfel frische Hefe (42 g)
1 TL Zucker
½ TL Salz
6 EL Speiseöl
Butter für das Backblech
6 Bund Petersilie
150 g Frühstücksspeck
300 g Sahne
2 Eier, Größe M
Salz, Pfeffer

Mehl in eine Schüssel sieben, eine Mulde hineindrücken. Hefe in die Mulde bröseln. Zucker und 200 ml lauwarmes Wasser zur Hefe geben und verrühren. 3 Minuten warten, bis die Hefe sich aufgelöst hat. Salz und Öl auf dem Mehlrand verteilen. Von der Mitte aus alles zu einem geschmeidigen Teig kneten. Abgedeckt 30 Minuten gehen lassen, das Volumen sollte sich verdoppeln. Backofen auf 200 °C Ober-/Unterhitze vorheizen. Backblech ausbuttern.

Teig auf der bemehlten Arbeitsfläche noch einmal durchkneten. Auf Backblechgröße ausrollen, auf das Blech legen, Rand hochdrücken. Petersilie von den Stielen zupfen und grob hacken. Frühstücksspeck fein würfeln. Sahne leicht anschlagen. Eier unter die Sahne quirlen, salzen und pfeffern. Petersilie unter die Eiersahne mischen. Belag auf dem Teig verteilen und glatt streichen. Frühstücksspeck auf die Eiersahne streuen. Auf der zweiten Schiene von unten 30 Minuten backen. Herausnehmen, in Stücke schneiden.

ZWIEBELKUCHEN Aus 400 g Mehl, 1 Würfel frische Hefe (42 g), 1 TL Zucker, ½ TL Salz, 6 EL Speiseöl einen Hefeteig zubereiten, ausrollen und auf das Backblech legen wie oben beschrieben. Für den Belag 8 große Zwiebeln schälen und in feine Ringe schneiden. 250 g Räucherspeck in schmale Streifen schneiden. 2 EL Butter in einer großen Pfanne schmelzen, Zwiebeln und Räucherspeck darin bei mittlerer Hitze andünsten. Vom Herd nehmen und abkühlen lassen. 150 g Schmand, 150 g Sauerrahm, 150 g Sahne, 3 Eier, 1 EL Speisestärke, 1 TL Kümmel- oder Selleriesamen, ½ TL Salz und weißen Pfeffer nach Geschmack in einer Schüssel verrühren. Die abgekühlte Zwiebel-Speck-Mischung unterheben und den Belag auf den Hefeteig streichen. Im vorgeheizten Backofen bei 180 °C Ober-/Unterhitze auf der mittleren Schiene 40 Minuten backen. Herausnehmen, etwas auskühlen lassen und in Stücke schneiden.

Ria Bockholt aus Westfalen

Alt bewährt und frisch gebacken

Eigentlich hatte alles ganz harmlos angefangen. Da Ria Bockholt aus Warendorf für ihr Leben gern bäckt und kocht, bereitete sie für Freunde, die ein Möbelhaus mit Café eröffneten, einige Kleinigkeiten zu. »Nur so zum Spaß«, erzählt sie. Ein paar Wochen später leitete sie das Café – und backte regelmäßig in der Nacht von Samstag auf Sonntag bis zu 25 Kuchen und Torten. Vom Café bis zum eigenen Partyservice war es nur ein kleiner Schritt. Immer wieder half sie bei Freunden aus, wodurch ständig mehr Anfragen für Hochzeiten, Jubiläen oder Kommunionen im Münsterland und in der Umgebung dazu kamen. Nach und nach stellte sie Hilfen und Servierpersonal ein, eine zweite Küche und ein begehbarer Kühlraum wurden im Keller installiert, Geschirr für mehrere hundert Personen angeschafft. Doch eine Köchin einstellen? Kam für Ria nicht infrage, sie stand lieber selbst an Herd und Backofen.

Die Party-Service-Zeiten sind inzwischen vorbei, doch voller Energie ist sie heute noch. Jeden Tag steht sie gegen fünf Uhr auf, geht zwei- bis dreimal frühmorgens zum Schwimmen oder zum Walking an die Ems, die hinter dem Haus vorbeifließt. Zeit für Radreisen oder Wandern mit ihrem Mann, ihre verschiedenen Ehrenämter und die große Familie mit den drei Söhnen, Enkeln und Geschwistern ist jetzt endlich genug da – trotzdem ist Ria immer in Bewegung und hat gerne Gäste. Wer bei Bockholts zu Besuch kommt, sollte unbedingt mit leerem Magen anreisen: Es wartet immer ein reich gedeckter Tisch, und als süße Krönung gibt es garantiert Rias berühmte Westfälische Quarkspeise mit karamellisiertem Pumpernickel, deren Rezept sie uns schon für das erste Heimwehküche-Buch verraten hat.

Nussbrot

Der große westfälische Bauernhof, auf dem Ria Bockholt aufwuchs, lag mitten in Wald und Feld. Eingekauft wurde selten, der Hof hatte ja zu bieten, was man so brauchte. Klar, dass ihre Mutter auch das Brot immer selbst backte. Für uns hat Ria ein Brot mit Nusskernen gebacken, das an die rustikalen Brote ihrer Kindheit erinnert. Birgit

Für 1 rechteckige Form, 15 x 35 cm

300 g Weizenschrot
300 g Weizenvollkornmehl (Type 1700)
400 g Weizenmehl (Type 405)
1½ Würfel frische Hefe (à 42 g)
1 TL Zucker
10 EL lauwarme Milch
200 g Hasel- oder Walnusskerne
50 g Sonnenblumenkerne
50 g ungeschälte Sesamsamen
2 gestrichene TL Salz
2 EL Öl
Butter für die Form

Das ganze Mehl in einer großen Schüssel mischen, eine Mulde in die Mitte drücken. Die Hefe in die Mulde bröckeln, Zucker und Milch dazugeben. 5 Minuten warten, bis die Hefe aufgequollen ist. Nusskerne, Samen, Salz und Öl hinzufügen und alles gut durchkneten – am besten mit den Händen. Teig abgedeckt an einem warmen Ort 1 Stunde gehen lassen.

Den Backofen auf 50 °C Ober-/Unterhitze vorheizen. Die Form ausbuttern. Den Teig noch einmal durchkneten, in die Form füllen (oder mit den Händen zu einem länglichen Laib formen und auf ein Backblech legen). Mit einem Messer die Oberfläche einmal längs einritzen, damit das Brot gleichmäßig aufgeht. Auf der unteren Schiene 30 Minuten gehen lassen.

Die Backofentemperatur auf 220 °C Ober-/Unterhitze erhöhen und das Brot etwa 50 Minuten backen. Klopft man leicht an die Unterseite des Brots und es klingt hohl, ist es gar. Herausnehmen, aus der Form lösen (oder vom Blech nehmen) und auskühlen lassen.

Bauernbrot

Wenn ich dieses große Bauernbrot aus dem Ofen hole, überfällt mich jedes Mal ein Gefühl von Stolz. Es sieht aus und schmeckt wie ein richtiges Brot vom Bäcker! Den Sauerteig dazu kann man selbst machen oder (wie ich) die etwas einfachere Variante mit Sauerteigextrakt ausprobieren. Linn

Für 1 Brot à 1,5 kg

500 g Weizenmehl
500 g Roggenmehl
1 Beutel Sauerteig-Extrakt (30 g; Reformhaus oder Bioladen)
2 Beutel Trockenhefe
3 TL Salz
1 TL Zucker

Weizenmehl, Roggenmehl, Sauerteig-Extrakt, Trockenhefe, Salz und Zucker in einer großen Rührschüssel vermengen. 650 ml Wasser hinzufügen und mit den Knethaken des Handrührgeräts und anschließend mit bemehlten Händen zu einem geschmeidigen Teig kneten, der nicht mehr an den Fingern klebt. Das dauert etwa 5–7 Minuten. Je länger geknetet wird, umso lockerer wird das Brot. Den Teig 2 Stunden abgedeckt an einem warmen Ort gehen lassen. Zwischendurch einmal durchkneten.

Den Teig zu einem Laib Brot formen (oder in einen bemehlten Gärkorb aus Peddigrohr legen, dann bekommt er nach dem Backen eine schöne Form und Struktur!). Das Brot mit lauwarmem Wasser bepinseln und nach Wunsch mit dem Messer leicht einschneiden (z. B. dreimal diagonal oder kreuzweise), mit etwas Mehl bestäuben und weitere 30 Minuten gehen lassen.

Auf die zweite Schiene von unten in den kalten Ofen schieben und die Temperatur auf 250 °C Ober-/Unterhitze einstellen. Ein feuerfestes Gefäß mit Wasser sorgt dafür, dass das Brot nicht trocken wird. 20 Minuten backen, dann die Temperatur auf 200 °C reduzieren und weitere 35 Minuten backen. Herausnehmen und auskühlen lassen.

TIPP Das Brot kann mit Kleie, Sonnenblumenkernen, Haferflocken oder Gewürzen ganz nach Geschmack variiert werden. Am besten schmeckt es einen Tag nach dem Backen!
Wer das Brot mit flüssigem Sauerteig (Zubereitung siehe Seite 190) backen möchte, braucht 150 g davon. Zuerst die Hälfte des Mehls mit Hefe, Salz und Zucker vermengen, das Wasser hinzugeben und mit einem Holzlöffel verrühren, dann den Sauerteig dazugeben. Anschließend erst das restliche Mehl hinzugeben und den Teig wie oben beschrieben weiterverarbeiten.

Piroggen mit zweierlei Füllung

Die gefüllten Teigtaschen stammen aus Osteuropa. In Polen und Russland werden sie oft mit Hackfleisch, Pilzen, Kartoffeln oder Quark gefüllt. Sie kommen gekocht, gebacken oder frittiert auf den Tisch. Ich habe die Piroggen als Kind bei Lenuza, einer russischen Freundin meiner Mutter, sehr gerne gegessen. Lenuzas Originalrezept existiert zwar leider nicht mehr, doch dieses hier kommt ihm sehr nahe. Birgit

Für etwa 20 Stück

Teig:

300 g Mehl, plus mehr für die Arbeitsfläche
1 gestrichener TL Backpulver
½ TL Salz
1 Prise Zucker
100 g weiche Butter
1 Ei
100 g Sauerrahm

Hackfleischfüllung für 10 Stück:

1 große Stange Lauch
1 mittelgroße Zwiebel
3 EL Sonnenblumenöl
300 g gemischtes Hackfleisch
1 TL edelsüßes Paprikapulver
Salz, Pfeffer
1 Prise Zucker

Für den Teig Mehl und Backpulver in einer Schüssel mischen. Eine Mulde hineindrücken, Salz, Zucker und Butter hineingeben und alles mit den Knethaken des Handrührgeräts verkneten. Ei und Sauerrahm dazugeben und einarbeiten. Eine Kugel formen, in Frischhaltefolie wickeln, 1 Stunde in den Kühlschrank stellen.

Für die Hackfleischfüllung den Lauch putzen und in feine Ringe schneiden. Die Zwiebel schälen und fein würfeln. Das Öl in einer Pfanne erhitzen und das Hackfleisch darin krümelig braten. Zwiebel und Lauch dazugeben und mitbraten, bis alles leicht gebräunt ist. Mit Paprikapulver, Salz, Pfeffer und 1 Prise Zucker würzen. Vom Herd nehmen und abkühlen lassen.

Für die Kartoffel-Zwiebel-Füllung die Kartoffeln in Salzwasser garen. Abgießen und noch heiß pellen. Zwiebeln schälen und fein würfeln. Butter in einer Pfanne erhitzen, die Zwiebeln darin langsam braten, bis sie weich und goldbraun sind. Salzen und pfeffern. Die Kartoffeln in Stücke schneiden, mit dem Kartoffelstampfer oder einer Gabel grob zerdrücken, Sauerrahm und gebratene Zwiebeln untermischen. Mit Salz und Pfeffer herzhaft abschmecken.

Kartoffel-Zwiebel-Füllung für 10 Stück:

300 g Kartoffeln
Salz
1 Gemüsezwiebel oder 2 große Zwiebeln
2 EL Butter
Pfeffer
2 EL Sauerrahm
2 Eier zum Bestreichen

Backofen auf 200 °C Ober-/Unterhitze vorheizen. Backblech mit Backpapier auslegen. Die Eier trennen. Teig 3 mm dick ausrollen. Etwa 20 Kreise von etwa 8 cm Ø ausstechen. Eiweiße leicht verquirlen und mit einem Pinsel auf die Teigränder streichen. Auf jeden Teigkreis 1 gehäuften Esslöffel Füllung setzen. Teig zum Halbkreis umklappen. Ränder andrücken und mit einer Gabel eindrücken. Eigelbe leicht verrühren. Piroggen auf das Backpapier legen und bepinseln. Auf der mittleren Schiene in 20–25 Minuten goldbraun backen.

Topfbrot

Nach der Schule gingen meine Freundin Beate und ich manchmal zu ihrer Oma zum Mittagessen. Ihr selbst gebackenes Brot, das sie in einem Gusseisentopf backte, war einfach sensationell: ein richtig aromatischer Brotlaib mit knuspriger Kruste – eine Qualität, die man heute auch beim Bäcker nicht mehr selbstverständlich findet. Birgit

Für 1 Gusseisentopf mit Deckel, 20 cm Ø

400 g Weizenmehl, Typ 1050
120 g Weizenvollkornmehl, Type 1700
1½ TL Salz
½ TL Trockenhefe
Mehl für die Arbeitsfläche
Weizenkleie zum Bestreuen

Das Mehl, das Vollkornmehl, das Salz und die Trockenhefe in einer Schüssel vermischen. 350 ml kaltes Wasser dazugießen und alles mit einem Kochlöffel gut verrühren. Zugedeckt bei Zimmertemperatur mindestens 12 Stunden gehen lassen.

Den Teig auf eine leicht bemehlte Fläche geben, mit bemehlten Händen die Seiten anheben, etwas auseinanderziehen und in der Mitte zusammenfalten. Den Laib locker in eine runde Form bringen. Ein Geschirrtuch mit Weizenkleie bestreuen. Den Laib mit der Naht nach unten darauflegen und die Oberseite leicht mit Kleie bestreuen. Das Geschirrtuch locker über den Teig falten und an einem warmen Ort nochmals 1–2 Stunden gehen lassen, bis er sein Volumen fast verdoppelt hat.

45 Minuten vor Ende der Gehzeit für das Brot den Backofen auf 240–250 °C (also die höchstmögliche Temperatur) vorheizen. Den leeren gusseisernen Topf mit Deckel auf der untersten Schiene 30 Minuten erhitzen. Vorsicht, er wird sehr heiß! Den Teig bereitstellen. Den Topf mit Backofenhandschuhen aus dem Ofen holen und den Deckel abnehmen.

Den Teig schnell aus dem geöffneten Geschirrtuch »kopfüber« in den heißen Topf befördern (die Nahtseite zeigt nach oben). Den Deckel daraufsetzen und das Brot im Ofen 30 Minuten backen. Den Deckel abnehmen und weitere 15–20 Minuten backen, bis das Brot eine schöne Kruste hat. Herausnehmen und das Brot vorsichtig aus dem Topf heben – am besten mit zwei Pfannenwendern. Auf einem Kuchengitter auskühlen lassen.

TIPP Der Gusseisentopf speichert die Hitze und schafft so in einem normalen Haushaltsherd ähnliche Temperaturverhältnisse wie in einem Bäckerofen. Ergebnis: krosse Kruste, großporige Krume.

Brot mit Kümmel und Rosinen

Die Großmutter meiner Freundin Angelika hatte früher einige Jahre in Cork verbracht, einer Hafenstadt im Süden Irlands. »Cork, waving to New York«, zitierte sie noch Jahre später immer wieder gerne. Von dort brachte sie das Grundrezept für dieses einfache und gute Brot nach Deutschland mit. Irgendwann reicherte sie es noch mit Kümmel und Rosinen an, was ihm sehr gut bekommen ist. Birgit

Für 1 Brot
300 ml Milch
100 ml Apfelessig
500 g Mehl
2 TL Salz
1 TL Backpulver
1 TL Natron
80 g kalte Butter
50 g Weizenkleie
2 EL Kümmelsamen
150 g Rosinen
Butter und grobes Meersalz zum Anrichten

Den Backofen auf 200 °C Ober-/Unterhitze vorheizen. Ein Backblech mit Backpapier auslegen. Die Milch und den Essig in einem hohen Gefäß verrühren und etwa 5 Minuten stehen lassen, bis die Mischung andickt. Mehl, Salz, Backpulver und Natron in einer großen Schüssel mischen. Die Butter in kleine Stücke schneiden und dazugeben. Alles mit den Knethaken des Handrührgeräts zu einem groben Teig verarbeiten. Kleie, Kümmel und Rosinen untermengen. Dann die Milch-Essig-Mischung dazugeben und alles noch einmal durchrühren. Der Teig sollte zusammenhalten, aber noch klebrig sein.

Den Teig auf einer leicht bemehlten Arbeitsfläche durchkneten und zu einem runden Laib von etwa 20 cm Durchmesser formen. Auf das Backblech legen. Die Oberfläche leicht mit Mehl bestäuben. Mit einem scharfen Messer etwa 1 cm tief kreuzförmig einschneiden. Auf der mittleren Schiene im Backofen etwa 70 Minuten backen. Die Garprobe machen (siehe Tipp Seite 16). Aus dem Ofen nehmen und auf einem Gitter auskühlen lassen. Mit frischer Butter bestreichen, mit Meersalz bestreuen und servieren.

TIPP Dieses Brot schmeckt frisch am besten und eignet sich nicht für eine längere Lagerung.

Osternester

Ostern ist mein liebstes Fest im ganzen Jahr. Man hat nicht so hohe Erwartungen wie an Weihnachten, steht nicht im Mittelpunkt wie am Geburtstag, muss keine großen Geschenke besorgen und außerdem ist Frühling! Und zu einem festlichen Osterfrühstück gehören natürlich Osternester aus Hefeteig, für jeden Teller eins. Linn

Für 4 Stück

500 g Mehl
30 g frische Hefe
125 ml lauwarme Milch
60 g Zucker
2 Eier, Größe M
1 Prise Salz
½ Päckchen Vanillezucker
abgeriebene Schale von ½ Bio-Zitrone
4 Eier, hart gekocht und gefärbt
1 Eigelb

Das Mehl in eine Schüssel sieben, eine Mulde hineindrücken. Hefe in die Mulde bröseln. Die Milch und 1 Prise Zucker zur Hefe geben. Vorsichtig mit etwas Mehl vermischen. Vorteig zugedeckt an einem warmen Ort 20 Minuten gehen lassen.

Den restlichen Zucker, die Eier, das Salz, den Vanillezucker und die Zitronenschale zum Vorteig geben. Erst mit den Knethaken des Handrührgeräts und dann den Händen 5 Minuten kneten, bis kein Teig mehr an den Fingern kleben bleibt. Aus dem Teig eine Kugel formen und 40 Minuten abgedeckt gehen lassen, bis sich das Volumen fast verdoppelt hat.

Ein Backblech mit Backpapier auslegen. Den Teig noch einmal durchkneten und in 4 Kugeln à etwa 200 g teilen. Jede Kugel halbieren und aus den Hälften möglichst lange Rollen formen. Das geht am besten, wenn man den Teig in der Luft zwischen den Händen hin- und herdreht. Die 8 Rollen auf das Backpapier legen, jeweils 2 Rollen zu einem Zopf flechten und die Enden jedes Zopfes fest zusammendrücken, sodass ein Nest entsteht.

Ein hart gekochtes Ei in die Mitte des Nests setzen. Das Eigelb verquirlen und die Nester damit bepinseln. Auf die zweite Schiene von unten in den kalten Backofen schieben, 180 °C Ober-/Unterhitze einstellen und die Nester in 25–30 Minuten goldbraun backen. Herausnehmen und auskühlen lassen.

TIPP Die gefärbten Eier können beim Backen auf die Nester abfärben. Wer das vermeiden will, nimmt zum Backen 4 hart gekochte, ungefärbte Eier und setzt die farbigen erst nach dem Backen ins Nest. Aus den überzähligen hart gekochten Eiern lässt sich prima Eiersalat zum Osterfrühstück machen.

Mohnbrötchen

Mohnbrötchen waren schon immer meine absoluten Lieblingsbrötchen – am liebsten esse ich sie mit kalter Butter, dazu ein Klecks Konfitüre oder flüssiger Honig. Linn

Für 9 Stück

400 g Weizenmehl
1 Päckchen Trockenhefe
50 g weiche Butter
1 TL Salz
1 TL Zucker
3 EL Mohnsamen

Das Mehl in eine Schüssel sieben, die Trockenhefe, die Butter, das Salz, den Zucker und 200 ml lauwarmes Wasser dazugeben. Mit den Knethaken des Handrührgeräts und mit den Händen zu einem geschmeidigen Teig kneten. Zugedeckt an einem warmen Ort etwa 40 Minuten gehen lassen. Ein Backblech mit Backpapier auslegen.

Den Teig nochmals durchkneten, in 9 Teile teilen und diese zu Brötchen formen. Auf das Backpapier legen. Mit einem Messer die Oberfläche kreuzweise einschneiden, mit lauwarmem Wasser bepinseln und mit den Mohnsamen bestreuen. Zudecken und weitere 15 Minuten an einem warmen Ort gehen lassen. Auf der zweiten Schiene von unten in den nicht vorgeheizten Backofen schieben, 200 °C Ober-/Unterhitze einstellen und die Brötchen in 20–25 Minuten leicht braun backen.

TIPP Für Sonntagsbrötchen den Teig abends vorbereiten und über Nacht im Kühlschrank gehen lassen. Die Brötchen können ganz nach Geschmack variiert, z. B. mit Kürbiskernen oder Sesam bestreut, ganz pur gebacken oder mit einer Handvoll Rosinen im Teig veredelt werden.

Kastenpickert

Einmal besuchte ich mit meiner Schulfreundin Martina deren Oma in Bielefeld. Die halbe Zugfahrt schwärmte sie mir von den Kochkünsten der alten Dame vor. Ich war skeptisch, denn ich fand, dass Martina seltsame Essgewohnheiten hatte: ein halbes Butterbrötchen, belegt mit einer Scheibe Pumpernickel als Pausenbrot, etwa … »Mmh, läckah!« sagte sie. »Bäh!« sagte ich. Dann saßen wir bei ihrer »Omma« in der Stube, aus der Küche wehte ein köstlicher Duft herüber und sie brachte den Kastenpickert rein: mit viel Butter in der Pfanne knusprig gebacken und mit Zuckerrübensirup beträufelt. Und als ich probiert hatte, sagte ich: »Mmh, läckah!« Birgit

Für 1 Kastenform, 30 cm

1 kg vorwiegend festkochende Kartoffeln
500 ml Milch
1 Würfel frische Hefe (42 g)
1 gehäufter TL Kartoffelstärke
700 g Mehl
120 g Rosinen
1 gestrichener EL Salz
4 Eier, Größe M
100 g Butter, plus mehr für die Form
Zuckerrübensirup nach Belieben (z. B. Grafschafter Goldsaft)

Die Kartoffeln schälen, fein reiben und in einem Tuch gut auspressen. In eine große Schüssel füllen. Die Milch erhitzen, bis sie fast kocht, über die geriebenen Kartoffeln gießen und gut verrühren. Die Kartoffelmasse abkühlen lassen. Die Hefe darüberbröckeln und rühren, bis sie sich aufgelöst hat. Kartoffelstärke, Mehl, Rosinen und Salz dazugeben und alles gut vermengen. Zum Schluss die Eier unterrühren. Den Teig abgedeckt an einem warmen Ort etwa 30 Minuten gehen lassen, bis er sein Volumen verdoppelt hat.

Den Teig gut durchkneten. Die Kastenform buttern und den Teig hineinfüllen. Abdecken und weitere 20 Minuten gehen lassen. Den Backofen auf 200 °C Ober-/Unterhitze vorheizen. Den Kuchen auf der mittleren Schiene 45 Minuten backen. Vor dem Herausnehmen Garprobe machen (siehe Tipp Seite 16). Aus der Form auf ein Kuchengitter stürzen und abkühlen lassen. Vor dem Servieren in 2–3 cm dicke Scheiben schneiden und in der Pfanne mit reichlich Butter auf beiden Seiten goldbraun braten. Nach Belieben mit Zuckerrübensirup beträufeln. Den Kastenpickert kann man ungeschnitten ein paar Tage aufheben.

Käsestangen

Familienfeste endeten früher bei uns immer mit Hühnersalat und Käsestangen. Als Kind mochte ich nie die mit Kümmel, sondern am liebsten die mit Sesam. Heute schmecken sie mir alle! Linn

Für etwa 25 Stück
250 g Mehl
1 Messerspitze Backpulver
125 g geriebenen Käse (z. B. mittelalter Gouda)
1 Prise Salz
1 Messerspitze Paprikapulver
1 Ei
125 g kalte Butter
80 g Sauerrahm
1 Eigelb
geriebener Hartkäse, Kümmel, Mohn und/oder Sesam nach Belieben zum Bestreuen

Das Mehl mit dem Backpulver in eine Schüssel sieben. Käse, Salz und Paprika untermengen. Das Ei, die Butter in Flöckchen und den Sauerrahm dazugeben und alles mit den Knethaken des Handrührgeräts oder mit den Händen zu einem glatten Teig verkneten. Zu einer Kugel rollen, in Frischhaltefolie wickeln und 30 Minuten in den Kühlschrank stellen.

Den Backofen auf 180 °C Ober-/Unterhitze vorheizen. Ein Backblech mit Backpapier auslegen. Den Teig 5 mm dick ausrollen und mit einem Teigrädchen 10 cm lange und 1 cm breite Streifen ausradeln. Je zwei Streifen umeinanderdrehen und auf das Backpapier legen. Mit dem verquirlten Eigelb bestreichen und nach Belieben mit Käse, Kümmel, Mohn oder Sesam bestreuen. Auf der mittleren Schiene 15–20 Minuten backen. Herausnehmen und abkühlen lassen.

Laugenbrezeln

Die besten Brezeln gibt es in Baden-Württemberg, sagt mein Freund, der das Gebäck seiner Kindheit in Norddeutschland sehr vermisst. Ganz wichtig: Das Brezelkreuz sollte knackig und die Mitte dick sein, sodass man sie aufschneiden und mit Butter bestreichen kann. Und wenn man keinen schwäbischen Bäcker in der Nähe hat? Tja – selbst backen! Linn

Für 9 Brezeln

500 g Weizenmehl
1 Würfel frische Hefe (42 g)
125 ml lauwarme Milch
1 Prise Zucker
30 g weiche Butter
1 TL Salz
50 g Natron
2 EL grobes Salz zum Bestreuen

Das Mehl in eine Schüssel sieben, eine Mulde hineindrücken. Hefe in die Mulde bröseln. Die Milch und 125 ml lauwarmes Wasser vermischen, etwa 100 ml davon mit 1 Prise Zucker zur Hefe geben. Vorsichtig mit etwas Mehl vermischen. Vorteig zugedeckt an einem warmen Ort 20 Minuten gehen lassen.

Die restliche Milch-Wasser-Mischung, die Butter und das Salz zum Vorteig geben. Mit den Knethaken des Handrührgeräts und den Händen so lange kneten, bis kein Teig mehr an den Fingern kleben bleibt. Das dauert etwa 5 Minuten. Aus dem Teig eine Kugel formen und weitere 25 Minuten abgedeckt gehen lassen.

Den Backofen auf 200 °C Ober-/Unterhitze vorheizen. Ein Backblech mit Backpapier auslegen. Den Teig in 9 Stücke teilen, jedes Stück zu einer Rolle formen, die an den Enden dünner ist als in der Mitte. Am besten geht das, wenn die Stränge zwischen den Händen in der Luft hin- und hergeschwenkt werden. Auf der Arbeitsfläche zu Brezeln schlingen.

In einem großen Topf 2 l Wasser aufkochen und das Natron hinzugeben. Die geformten Brezeln nacheinander vorsichtig auf einem Schaumlöffel in die kochende Lauge geben. Mit einer Schöpfkelle die Lauge über die Brezeln schöpfen, nach 30 Sekunden mit dem Schaumlöffel herausnehmen, etwas abtropfen lassen und auf das Backpapier legen. Das Mittelstück mit einem Messer längs einritzen und mit Salz bestreuen. Die Brezeln auf der mittleren Schiene 20–25 Minuten backen, bis sie knusprig sind. Herausnehmen, auskühlen lassen und gleich essen.

Omas Backstube

Resteverwertung

Wenn für ein Rezept nur Eigelb oder Eiweiß benötigt wird, bleibt der Rest übrig – und der ist natürlich viel zu schade dafür, nicht verwendet zu werden! Und auch aus Kuchenresten lässt sich etwas Leckeres machen.

Eigelb verwerten

- ***Orangenplätzchen:*** Aus 3 Eigelben, 250 g Mehl, 125 g kalter Butter in Stückchen, 65 g Zucker, 1 Prise Salz und abgeriebener Schale von 1 Bio-Orange einen Mürbeteig kneten. Zu einer Kugel formen und in Folie gewickelt 1 Stunde in den Kühlschrank legen. Auf einer bemehlten Arbeitsfläche 5 mm dick ausrollen und Plätzchen in einer beliebigen Form ausstechen. Bei 180 °C Ober-/Unterhitze auf mittlerer Schiene etwa 12–15 Minuten backen. Erkalten lassen und mit einer Glasur aus 100 g Puderzucker und 2 EL frisch gepresstem Orangensaft bestreichen. Das gleiche Rezept funktioniert auch mit Zitronen!

Eiweiß verwerten

- ***Baiser:*** Der Klassiker: Auf 1 Eiweiß kommen 50 g Puderzucker und 1 Prise Salz. Wichtig: Das Eiweiß bis zur Verwendung im Kühlschrank aufbewahren – aber nicht länger als 3–4 Stunden! Für das Baiser die Eiweiße mit den Rührstäben des Handrührgeräts sehr steif schlagen, Puderzucker daraufsieben und mit dem Salz vorsichtig unterheben. Kreise oder Stangen nach Wunsch auf ein mit Backpapier ausgelegtes Backblech spritzen, bei 100 °C auf mittlerer Schiene etwa 2 Stunden backen. Den Ofen ausschalten und über Nacht trocknen lassen. Auch lecker: Die Baisers vor dem Backen mit Himbeerpüree (etwa 10 g pro Eiweiß) mischen.
- Auch ***Zimtsterne*** (Seite 144) und ***Makronen*** (Seite 125) werden nur mit Eiweiß hergestellt. Makronen und Baiser unbedingt luftdicht verpackt aufbewahren, sonst nehmen sie Feuchtigkeit auf und werden matschig!

Kuchen- und Tortenreste

Solche Reste lassen sich gut einfrieren, am besten immer in Portionen von 3 oder 4 Stücken, dann kann man den Kuchen bei Bedarf in kleineren Mengen wieder auftauen. Oder man macht aus ihnen ein Dessert.

- ***Stollenknödel:*** So wird aus übrig gebliebenem Stollen ein toller Nachtisch: Stollenreste zerbröckeln, mit der gleichen Menge klein geschnittener, altbackener Brötchen in einer Schüssel mischen und mit heißer Milch übergießen: 200 ml Milch für 500 g Stollen/Brötchen-Mischung. 30 Minuten ziehen lassen. Zwei Eier unterrühren und alles zu einer glatten Masse verarbeiten. Zu Knödeln formen, falls die Masse zu weich ist, etwas Paniermehl dazugeben. Knödel in kochendes Wasser geben und bei geringer Hitze in etwa 15 Minuten gar ziehen lassen. Mit Vanilleeis oder Himbeersoße anrichten.

- ***Träublesjakob:*** Das ist wie ein Trifle aus England – ein geschichtetes Dessert aus Kuchenresten, Pudding und Beeren, das in unserer Familie unter diesem Namen bekannt ist. Die Kuchen- oder Plätzchenreste in kleine Stücke schneiden. Aus 500 ml Milch, 2 EL Zucker und 1 Packung Vanillepuddingpulver nach Packungsanleitung einen Pudding kochen. 300 g Johannisbeeren von den Rispen zupfen (oder andere Beeren nach Belieben vorbereiten). Warmen Pudding, Kuchenreste und Beeren schichtweise in Gläsern anrichten. Wer das Dessert ohne Kuchenreste zubereiten möchte, nimmt Zwieback oder trockene Kekse aus der Packung.
- ***Granatsplitter:*** Ein etwas martialischer Name für eine köstliche Leckerei, der niemand die Resteverwertung anmerkt: Rührkuchen-Reste mit so viel saurer Sahne oder Vanillepudding vermischen, bis eine formbare Masse entsteht. Auf einer Platte oder Backpapier etwa 10 cm hohe Bergkegel daraus formen, die Ränder sollen ruhig etwas unregelmäßig aussehen. Mit geschmolzener Schokolade oder Kuvertüre nach Geschmack überziehen.

Gerührt & geknetet

Jeder Teig hat seine Besonderheiten. Unsere Tipps sorgen dafür, dass alles gelingt.

Rührteig-Tipps

- Bei Rührteig kann man eigentlich wenig falsch machen – wichtig ist nur, dass die Butter nicht kalt und hart, sondern zimmerwarm und weich ist. Am besten 2 Stunden vor dem Backen mit den Eiern aus dem Kühlschrank nehmen, denn Eier und Butter sollten die gleiche Temperatur haben.
- Hat man vergessen, die Butter rechtzeitig herauszunehmen, die richtige Menge abwiegen und in einem Töpfchen auf ganz kleiner Flamme so lange erhitzen, bis die Hälfte der Butter geschmolzen ist.
- Wer zu wenig Butter im Haus hat, kann einfach die fehlende Menge durch flüssige Sahne ersetzen.
- Zuerst wird die Butter cremig geschlagen, dann kommen Zucker und die Eier einzeln dazu, zum Schluss Mehl und Backpulver. Etwas Milch wird meist deswegen untergerührt, damit der Teig die richtige Konsistenz bekommt. Er sollte reißend, d. h. in großen Klumpen, vom Löffel fallen. Bei großen Eiern also weniger Milch verwenden.
- Wichtig: Den Kuchen nach dem Backen etwas auskühlen lassen und nach 15 Minuten aus der Form stürzen, wenn er sich schon etwas gesetzt hat. Lässt man ihn länger in der Form, bleibt er eventuell kleben.
- Wer lieber Margarine zum Backen verwendet, nimmt als Fett für die Form trotzdem Butter – das gibt ein butteriges Aroma.
- Rührkuchen hält sich in einer Blechdose oder in Alufolie eingeschlagen 4–5 Tage. Er lässt sich wunderbar bis zu 6 Monate einfrieren. Bei Zimmertemperatur langsam wieder auftauen lassen!

Grundrezept Rührteig: 250 g Butter, 250 g Zucker, 4 Eier, 500 g Mehl, 1 Päckchen Backpulver, etwa 125 ml Milch

- ***Untermischen:*** Apfelstückchen, Kirschen, Rosinen, Lieblingsschokolade, Kakaopulver, Zitronensaft/-schale
- ***Guss:*** Kuvertüre nach Geschmack, gesiebter Puderzucker, Zuckerguss (200 g Puderzucker mit 4 EL Zitronensaft verrühren)

Mürbeteig-Tipps

- Für Mürbeteig gilt die einfache Regel: Doppelt so viel Mehl wie Butter nehmen – meist kommt noch zur Lockerung ein Ei dazu plus Zucker je nach Verwendungszweck.
- Die kalte Butter in Stückchen auf dem Mehl verteilen, die restlichen Zutaten dazugeben und schnell (am besten mit der Hand) zu einem glatten Teig verkneten.
- Nicht zu lange kneten, sonst wird der Teig brüchig!

- Durch das Kneten wird die Butter weich, deshalb kommt der Teig vor der Verarbeitung für etwa 1 Stunde in Frischhaltefolie gewickelt in den Kühlschrank – dann lässt er sich hinterher besser ausrollen und ausstechen.
- Den Teig auf einer bemehlten Fläche oder zwischen 2 Frischhaltefolien- oder Backpapierlagen ausrollen. Vorteil der Lagenvariante: Der Teig nimmt kein zusätzliches Mehl auf.
- Wie kommt der Teigboden in die Springform? Ganz einfach: Wenn der Teig zwischen Backpapier ausgerollt wurde, das obere Papier abziehen. Den Teig mit Papier locker in die Form legen, das Papier abziehen und gerissene Stellen zusammendrücken, überschüssigen Teig abschneiden. Zweite Möglichkeit: Den Teig locker über das bemehlte Nudelholz schlagen und über der Springform wieder »abwickeln«.
- Plätzchen sind luftdicht verpackt etwa 1–2 Monate haltbar, Mürbeteigreste halten sich 3–4 Tage im Kühlschrank oder lassen sich einfrieren.

Grundrezept (z. B. für Ausstecherle zu Weihnachten): 250 g Mehl, 125 g Butter, 1 Ei, 80 g Zucker, abgeriebene Schale von 1 Bio-Zitrone

- ***Verzierung:*** Zuckerguss (siehe Grundrezept Rührteig), bunte Streusel, Schokostreusel, Nusskerne, Rosinen

Hefeteig-Tipps

- Hefeteig ist ein gemütlicher Zeitgenosse, er mag Ruhe und Wärme, aber keine Hitze. Alle Zutaten sollten zimmerwarm sein. Eier aus dem Kühlschrank 5 Minuten in warmes Wasser (etwa 40 °C) legen.
- Je frischer die Hefe, desto besser geht der Teig auf. Es lohnt sich, im Geschäft den Hefewürfel mit dem längsten Haltbarkeitsdatum auszuwählen.
- Die frische Hefe in eine Mehlmulde bröckeln und mit lauwarmem Wasser oder lauwarmer Milch anrühren. 1 Prise Zucker dazugeben, und die Hefepilze erwachen zum Leben. Trockenhefe einfach mit Mehl, lauwarmer Flüssigkeit und den anderen Zutaten vermischen – ein Vorteig ist überflüssig.
- Hefeteig sollte zweimal gehen, einmal etwa 45 Minuten in einer abgedeckten Schüssel, ein zweites Mal 20 Minuten abgedeckt in der Form oder auf dem Blech.
- An warmen Tagen geht der abgedeckte Hefeteig bei Zimmertemperatur. Wenn es kühler wird, den Ofen auf 50 °C vorheizen, ausschalten, die Ofentür eine halbe Minute öffnen, den Teig hineinstellen. Oder warm eingewickelt unter die Bettdecke stellen.
- Wer Hefegebäck zum Frühstück schon abends vorbereiten möchte, bereitet den Teig zu, knetet so lange, bis kein Teig mehr an den Fingern kleben bleibt, und stellt ihn zum Gehen abgedeckt über Nacht in den Kühlschrank. Am nächsten Morgen den Teig noch einmal durchkneten, in die gewünschte Form bringen und auf das Backblech legen. Den Ofen vorheizen, und das Gebäck etwa 20 Minuten zugedeckt ruhen lassen, anschließend backen.

- Hefegebäck ist gar, wenn die Unterseite leicht gebräunt und trocken ist und sich beim Draufklopfen hohl anhört.

Grundrezept für süßen Hefeteig: 500 g Mehl, 30 g frische Hefe (oder 1 Päckchen Trockenhefe), 60 g Zucker, 1 Prise Salz, 250 ml Wasser oder Milch, 60 g Butter, 60 g Zucker

- ***Belag:*** Obst der Saison, Streusel, Rosinen, Mohn, Pudding, Hagelzucker

Grundrezept für herzhaften Hefeteig: Statt des Zuckers 1 TL Salz zugeben, Wasser statt Milch und Öl statt Butter verwenden.

- ***Belag:*** Meersalz, Knoblauch, Rosmarin, Thymian, Tomatenstückchen, Käse, Röstzwiebeln

Biskuit-Tipps

- Für diesen luftig-lockeren, fettarmen Teig gibt es viele unterschiedliche Rezepte: Bei einigen muss man die Eier nicht trennen, sondern rührt sie mit ein paar Esslöffeln heißem Wasser an – oder mit kochender Milch. Andere funktionieren ganz ohne Backpulver, weil der steif geschlagene Eischnee genug Luft zum Aufgehen einschließt.
- Biskuitteig muss möglichst schnell nach dem Anrühren in den gut vorgeheizten Ofen, sonst fällt er in sich zusammen.
- Biskuitteig am besten auf einem mit Backpapier belegten Blech backen. Das Backpapier lässt sich nach dem Backen gut abziehen, wenn man es mit etwas Wasser bestreicht.
- Nach dem Backen auf ein leicht mit Zucker bestreutes Geschirrtuch stürzen und das Papier abziehen. Für eine Biskuitrolle sofort mit dem Geschirrtuch aufrollen. Zum Füllen kalt wieder entrollen.

Omas Backtricks

Oma wusste sich immer zu helfen und hatte die besten Tricks, damit auch ganz bestimmt jedes Gebäck gelingt.

- ***Eier trennen:*** Das Ei mittig an einem scharfkantigen Gefäß leicht anschlagen, mit beiden Händen vorsichtig auseinanderbrechen, das Ei dabei aufrecht halten. Das Eiweiß in ein Gefäß ablaufen lassen, dann das Eigelb vorsichtig von einer Schalenhälfte in die andere hin- und herkippen, bis das Eiweiß abgelaufen ist. Eidotter in ein zweites Gefäß gleiten lassen.
- ***Eier prüfen:*** Damit kein schlechtes Ei im Kuchenteig landet, jedes Ei beim Aufschlagen einzeln in eine Tasse gleiten lassen.
- ***Mehl sieben:*** Gebäck gelingt natürlich auch mit ungesiebtem Mehl – aber es wird feiner und luftiger, wenn es durchgesiebt ist.

- ***Mürbeteig zu fest:*** Löffelweise kalte Sahne, Milch oder Magerquark unterkneten, bis er die richtige Konsistenz hat.
- ***Prise Zucker, Prise Salz:*** Eiserne Oma-Regel für besonders guten Geschmack: in jedes salzige Gebäck gehört 1 kleine Prise Zucker – und in jedes süße Gebäck 1 Prise Salz.
- ***Kein Backpulver im Haus:*** Kompakten Rührteig, etwa für Sandkuchen, backt man einfach ohne Backpulver. Ansonsten das Backpulver durch die gleiche Menge Natron ersetzen – in diesem Fall etwas Essig, Zitrone oder Buttermilch in den Teig geben, denn Natron reagiert mit Säure.
- ***Sauerteig selbst ansetzen:*** Ein Teig namens Hermann macht seit Jahrzehnten die Runde unter Backbegeisterten. Wer ihn geschenkt bekommt, muss den Hermann regelmäßig mit ein paar Esslöffeln Mehl »füttern« und kann ihn dann immer zum Brotbacken verwenden. Wer Hermann selbst ansetzen möchte, kann folgendes Rezept ausprobieren: 200 g Mehl mit ½ Würfel Hefe, 1 Prise Zucker und 150 ml Wasser verrühren. Mit einem Tuch abdecken und 1 Woche an einem warmen Ort (mindestens 22 °C) stehen lassen. Zwei Tage vor dem Backen 2 gehäufte EL Mehl und so viel Wasser dazugeben, dass ein dickflüssiger Brei entsteht. Wieder warm stellen (mindestens 25 °C). Nach Rezeptur verwenden, einen Rest übrig behalten, warm stellen und »füttern«. Hermann gelingt nicht immer beim ersten Mal – Faktoren, wie z. B. Temperatur, Triebkraft der Hefe, spielen eine Rolle.
- ***Teig ausrollen:*** klassisch auf einer bemehlten Arbeitsfläche und mit bemehltem Nudelholz, besser oft zwischen 2 Lagen Frischhaltefolie oder Backpapier
- ***Express-Kuchenboden:*** 200 g Butterkekse, Zwieback oder Löffelbiskuit in einen Gefrierbeutel füllen, mit dem Nudelholz fein zerbröseln. 100 g Butter zerlassen, mit den Bröseln vermischen und in einer mit Backpapier ausgelegten Springform festdrücken.
- ***Kuchen bräunt zu schnell:*** mit Backpapier oder Alufolie abdecken und Backofen auf Unterhitze umstellen.
- ***Kuchen aus der Form lösen:*** Kuchen nach dem Backen immer 10–15 Minuten in der Form abkühlen lassen (nicht länger!), dann aus der Form lösen. Dazu den Rand mit einem spitzen Messer ringsum vorsichtig umfahren. Wenn das nicht geht: Ein feuchtes Geschirrtuch um die Form legen, nach einigen Minuten probieren, ob der Kuchen sich lösen lässt.
- ***Torten schneiden:*** Vor jedem Schnitt das Messer in heißes Wasser tauchen. Nicht durch den Teig drücken, sondern mit langsamen Sägebewegungen schneiden.
- ***Tortenböden horizontal durchschneiden:*** Zunächst mit einem spitzen Messer ringsum etwa 1 cm tief einschneiden – erst dann ganz durchschneiden.
- ***Gelagerte Plätzchen sind zu hart oder zu weich:*** mit Milch einpinseln und für 3–5 Minuten bei 150 °C Ober-/Unterhitze im Ofen aufbacken. Abkühlen lassen. Luftdicht, kühl und trocken in einer Blechdose verwahren, zwischen die einzelnen Schichten Back- oder Pergamentpapier legen.

Kaffeestunde

Morgens zum Frühstück gibt es nichts Besseres als einen Milchkaffee, Espresso oder Cappuccino. Aber nachmittags zum Kuchen passt ein frisch gebrühter Filterkaffee einfach unheimlich gut. Warum? Er ist nicht so stark, man kann mehrere Tassen trinken, er enthält nicht so viel Milch (und Kalorien!), also kann man mehr Kuchen essen. Außerdem hat ein von Hand aufgebrühter Bohnenkaffee nichts mit dem Gebräu zu tun, das wir aus 1980er-Jahre-Kaffeemaschinen kennen oder früher im Café in der Draußen-nur-Kännchen-Zeit so scheußlich fanden.

Klassischer Filterkaffee: Die Kaffeebohnen direkt vor dem Gebrauch mahlen (alternativ im Laden mahlen lassen). Pro Kaffeetasse 1½ Teelöffel Kaffeepulver nehmen, nach Geschmack 1 Prise gemahlenen Kardamom dazugeben. Das Kaffeewasser abmessen, also nur so viele Tassen Wasser in den Wasserkocher oder den Kessel gießen, wie Wasser gebraucht wird, damit das Verhältnis stimmt. Eine Porzellankanne mit heißem Wasser vorwärmen. Einen Papierfilter in einen Filteraufsatz stecken, das Kaffeepulver in den Filter füllen. Jetzt frisches, kaltes Leitungswasser zum Kochen bringen und noch sprudelnd in einem Schwall über das Pulver gießen. Zwischendurch nicht warten, bis der Filter vollständig leer ist, sondern ständig nachgießen.

Brühkaffee: Dafür darf das Kaffeepulver etwas gröber gemahlen sein. Zwei Kaffeekannen mit heißem Wasser vorwärmen. Das Kaffeepulver (1½ TL pro Tasse Wasser) in eine Kanne geben, mit dem sprudelnd kochenden Wasser aufgießen und 5 Minuten ziehen lassen. Den fertigen Kaffee durch ein Sieb in die zweite vorgewärmte Kanne gießen.

Register

DIE AUTORINNEN

Linn Schmidt bäckt am liebsten Rührkuchen in ihrer 90 Jahre alten Keramikform (die hoffentlich niemals kaputtgeht), sowie Salziges und Süßes aus Hefeteig (wegen des Erfolgserlebnisses, wenn der Teig aufgeht). Die Autorin und Fotografin arbeitet als Redakteurin und lebt mit ihrer Familie in Hamburg.

Birgit Hamm mag Kuchen in fast allen Variationen – am allerliebsten bäckt sie jedoch die fruchtig-frischen, die sie an Kindheitssommer auf dem Land erinnern. Die Autorin und freie Journalistin lebt mit ihrem Mann in Hamburg.

Wir danken:
Katharina Morgenstern und ihrer Familie sowie Sabine Fröhlich und Jens Techritz fürs Backen, Ute Hannemann für den Teig, Annette Wienecke und Sandra Doose für die Requisiten, Emilie Frohn und Katharina Hamm für die Tipps, Elke Homburg und Claudia Krader für ihre Geduld und Ideen, den Freunden und Nachbarn fürs Kuchenessen, unseren Familien für die Unterstützung, Valentin und Jakob für die Hilfe, außerdem Karina Mühlfarth, Catherine Avak, Monika Schlitzer; sowie allen, die uns ihre Lieblingsrezepte verraten haben und natürlich unseren sechs Hauptdarstellerinnen fürs Mitmachen.

DORLING KINDERSLEY
London, New York, Melbourne, München und Delhi

Bibliografische Information Der Deutschen Bibliothek
Die Deutsche Bibliothek verzeichnet diese Publikation in der Deutschen Nationalbibliografie; detaillierte bibliografische Daten sind im Internet über http://dnb.ddb.de abrufbar.

Texte Birgit Hamm und Linn Schmidt
Fotografie Linn Schmidt, außer: Birgit Hamm (S. 56, 70, 76, 86, 90, 171); Elisabeth J. Herrmann (S. 50/51, Aufmacher & Gänseblümchen am Deich); Produktion/Fotolia.com (Aufmacher S. 136); Juergen2008/Fotolia.com (S. 136, Kirche), Karina Mühlfarth (S. 4), Geschirr S. 121: www.bridgetbell-countrystyle.de
Food Styling Birgit Hamm und Linn Schmidt, Hamburg
Redaktion und Lektorat Claudia Krader, München
Gestaltung, Typografie, Realisation Catherine Avak, München
Repro Repro Ludwig Prepress & Multimedia GmbH, Zell am See

Für den Dorling Kindersley Verlag
Programmleitung Monika Schlitzer
Projektbetreuung Elke Homburg
Herstellungsleitung Dorothee Whittaker

ISBN 978-3-8310-1727-0

Druck und Bindung Firmengruppe Appl, aprinta Druck, Wemding

Besuchen Sie uns im Internet
www.dorlingkindersley.de

Mein Rezept

Mein Rezept

Mein Rezept

Mein Rezept

Mein Rezept

Mein Rezept